税理士 戸村涼子 著

クラウド会計を活用した

電子帳簿保存法

対応の実務

日本法令®

はじめに

近年、デジタル化が進んでいます。特にビジネス面においては、2020年から流行した新型コロナウイルス感染症の影響から、デジタル技術を駆使して仕事のやり方を変えざるを得なかった企業も多いのではないでしょうか。

会計・税務の分野においても、デジタル化が近年著しく進んでいます。その現れとなっているのが、2020年から相次いで改正が行われている電子帳簿保存法です。この法律は、従来は紙で保存するべきとされていた国税関係帳簿書類について、データで保存することを認めるものです。また、紙を一切使わない電子取引の保存義務を定めた法律でもあります。

1995年に制定された当時は、要件が厳しく、インターネットも広く普及する前であったため、適用している会社はほとんどありませんでした。しかし、上記のとおり世の中の流れはデジタル化の一途をたどっており、従来の紙をベースにした会計税務のルールでは時代にそぐわなくなってきました。そこで、多くの会社が会計税務のデジタル化を進められるように、近年要件の大幅な緩和が行われてきたのです。緩和の内容は、単に紙をデータ化するにとどまらず、会社全体の業務効率化を意識したものとなっています。

特に2020年10月施行の改正は、近年多くの会社が利用している「クラウド会計」を念頭に置いた内容となっています。クラウド会計は、インターネットを通じて利用する会計ソフトです。つまり、国もインターネット利用を前提とした法律へと舵を踏み切ったといえます。

また、2022年1月施行の改正は「電子取引の紙保存を廃止」するといったインパクトのあるものも含まれていました。そのため、小規模事業者を含めた多くの事業者が、この法律を意識することになったのです。

さらに、2023年10月1日にはインボイス制度開始が控えており、インボイスをデータ化したもの（電子インボイス）の導入も見据えた電子帳簿保存の対応が必要です。

それでは、電子帳簿保存法の内容は誰でも理解でき、すぐに実行できるものなのでしょうか。残念ながら、法律の内容は説明が難しく、誰もが理解できるものになっていません。ルールはわかっても、「自社に必要なアクションは何か」を理解し、実行するためには、法律だけではなく、システムの仕組みを含めた実務の理解が必要です。これは、組織のトップや担当者はもちろん、会計・税務を支援する税理士にとっても必要なことです。

著者は、クラウド会計が普及し始めた時期から今日に至るまで、多くのクラウド会計ユーザーのサポートをしてきました。クラウド会計と電子帳簿保存法は非常に相性が良く、うまく使いこなせば法律の要件を満たしながら、デジタル化を効率的に進めることができます。

複雑な法律があると、「法令遵守」にばかり目が行き、本来の目的であるデジタル化による業務効率化が忘れられがちです。そこで本書は、電子帳簿保存法の解説だけにとどまらず、「クラウド会計によって効率的に電子帳簿保存法の要件を満たす方法」「実際の運用で注意するべき点」「インボイスを見据えた対策」といった具体的な実務の解説もしています。電子帳簿保存法、クラウド会計の両方に精通している税理士だけが書ける内容となるよう努めました。

本書ではまず、電子帳簿保存法の概要を解説します。次に、クラウド会計を活用した電子帳簿保存法対応を、代表的なクラウド会計ソフトであるfreeeとマネーフォワードクラウドを実例にして解説します。最後に、よくある相談事例を紹介します。

クラウド会計による電子帳簿保存法対応や企業支援を検討する税理士等の専門家や、企業の経理・総務担当の方が、本書を契機としてデジタル化による効率化の全体像を理解していただければ幸いです。

2022年12月
著　　　　者

『クラウド会計を活用した電子帳簿保存法対応の実務』

もくじ

第3章
相談事例

凡　例

法規	法人税法施行規則
所法	所得税法
消法	消費税法
消令	消費税法施行令
e- 文書法	民間事業者等が行う書面の保存等における情報通信の技術の利用に関する法律、及び、民間事業者等が行う書面の保存等における情報通信の技術の利用に関する法律の施行に伴う関係法律の整備等に関する法律
電子帳簿保存法（電帳法）	電子計算機を使用して作成する国税関係帳簿書類の保存方法等の特例に関する法律
規則	電子計算機を使用して作成する国税関係帳簿書類の保存方法等の特例に関する法律施行規則
取扱通達	電子帳簿保存法取扱通達
取扱通達解説	電子帳簿保存法取扱通達解説（趣旨説明）
帳簿書類一問一答	電子帳簿保存法一問一答【電子計算機を使用して作成する帳簿書類関係】（令和４年６月）
スキャナ保存一問一答	電子帳簿保存法一問一答【スキャナ保存関係】（令和４年６月）
電子取引一問一答	電子帳簿保存法一問一答【電子計算機を使用して作成する帳簿書類関係】（令和４年６月）

（例）**法規２⑥一**　法人税法施行規則２条６項１号

第1章

電子帳簿保存法の概要

この章では、電子帳簿保存法の歴史を振り返り、ターニングポイントとなった2021年度（令和3年度）の税制改正の内容を解説します。次に、帳簿書類の電子保存、スキャナ保存、電子取引についてそれぞれの要件と、注意するべき点を解説します。

第1節

電子帳簿保存法とは

電子帳簿保存法は、仕訳帳、貸借対照表、損益計算書など帳簿書類のデータ保存を認め、電子メールによる取引などの電子取引のデータ保存義務を定めた法律です。

インターネットが普及し、ペーパーレス化が進展するなかで1998年に制定されました。制定された当初はデータ保存の要件が厳しく、紙をデータ化する方法（スキャナ保存）は認められていませんでした。その後2005年にスキャナ保存が認められましたが、契約書等の金額は3万円未満のものに限定され、かつ電子署名が求められるなど、要件の厳しさは変わりませんでした。2015年には、民間事業者が書面に代えてデータで保存することを認めるe-文書法が施行されたことに伴い、3万円未満の金額基準が撤廃されました。しかし、スキャナ保存については依然として厳しい内部統制（適正事務処理要件）が求められ、企業の導入のハードルとなっていました。

この状況が大きく動いたのが2020年です。新型コロナウイルス感染症をきっかけにリモートワークが浸透するなど、世の中のデジタル化が進みました。それに伴い、税務行政においても税務手続のデジタル化が次々と行われました。電子帳簿保存法も2020年、2021年の相次ぐ税制改正（令和2年度改正、令和3年度改正）によって、クラウド会計などシステム利用を前提とした、これまでの改正とは大きく異なる抜本的な見直しが行われたのです。

電子帳簿保存法は大きく分けて、

❶　帳簿の電子保存の容認
❷　書類の電子保存の容認
❸　スキャナ保存の容認
❹　電子取引の保存の義務

に分けられます。

❶帳簿の電子保存は、会計ソフト等で作成した仕訳帳、総勘定元帳などの帳簿をデータで保存することを認める制度です。❷書類の電子保存は、システムで作成し、紙に印刷する書類をデータで保存することを認める制度です。❸スキャナ保存は、取引先から受け取った請求書等の紙の書類をスキャンしてデータで保存することを認める制度です。❹電子取引は、メールでの請求書データの授受など、紙を最初から使わない取引のデータ保存を義務付ける制度です。

それぞれ具体的にどのようなものが該当するかは、以下のとおりです。

❖電子帳簿保存法全体像

種類			具体例	電子帳簿保存法の区分
帳簿			仕訳帳、総勘定元帳	**❶帳簿の電子保存**
書類	決算関係書類		貸借対照表、損益計算書、棚卸表	**❷書類の電子保存**
	取引関係書類	自己が作成する書類の控え等	見積書、契約書、請求書、領収書	
		取引先から受領した書類等	見積書、契約書、請求書、領収書	**❸スキャナ保存**
電子取引			EDI 取引、クラウド取引、メール取引	**❹電子取引の保存**

第２節 電子帳簿保存法の改正の経緯

① 電子帳簿保存法の変遷

電子帳簿保存法は、1998 年７月１日に施行されました。

施行の背景には、情報化・ペーパーレス化が進む中で、経済界から帳簿書類のデータ保存の容認への強い要望が寄せられていたということがあります。

また、電子帳簿保存法の基本的な考え方として、「納税者の帳簿書類の保存の負担軽減」が当初より掲げられていました。

このように、電子帳簿保存法は、急速にデジタル化する社会に適応するため、納税者の負担を軽減することを目的として創設されたのです。

そして、適正に帳簿書類の電子保存を行うためには、

- コンピュータ処理は、痕跡を残さず記録の遡及訂正をすることができるため、真実性の確保が必要
- 紙と同等に肉眼で見られるための出力装置が必要

とされ、本書執筆の 2022 年現在でもこの考えが法律に組み込まれています。なお、電子取引については当初から「データで受け取ったものはデータのまま保存する義務を負う」という考えが存在しました。

これまで行われてきた主な改正は、以下のとおりです。

1998年 (平成10年)	電子帳簿保存法施行。当初は国税関係帳簿の電子保存のみ。
2005年 (平成17年)	e-文書法施行と合わせて、スキャナ保存制度スタート。ただし契約書・領収書は3万円未満のものに限定。
2015年 (平成27年)	3万円未満の金額基準廃止。電子署名不要、適正事務処理要件が追加。
2016年 (平成28年)	デジカメ・スマートフォンでもスキャナ保存OK、適正事務処理要件の緩和。
2019年 (令和元年)	過去分の重要書類も税務署に届出をすればスキャナ保存可能、JIIMAによる認証で承認申請が簡略化。
2020年 (令和2年)	訂正削除履歴が残る（又は訂正削除ができない）システムで取り込んだデータは電子取引の保存要件を満たす改正。
2021年 (令和3年)	承認制度廃止、優良電子帳簿の創設、適正事務処理要件廃止、検索要件の緩和、電子取引の紙保存廃止。

このように、ここ数年は要件が緩和される改正が相次いで行われています。

② 電子帳簿保存法の承認件数

2021年度（令和3年度）の税制改正前までは、電子帳簿保存法の適用を受けようとする場合には税務署への申請が必要でした。

その承認件数は直近のデータである2020年で71,705件（うちスキャナ保存は2,521件）でした（国税庁「電子帳簿保存法に基づく電磁的記録による保存等の承認状況」）。日本の会社の総数約280万社（国税庁「令和2年度会社標本調査」）のうち、わずか2.5%にとどまります。近年は増加傾向にあるものの、特にスキャナ保存に関しては厳格なルールがあったためと思われます。

2021年度からは承認制度が廃止され、要件も大きく緩和されたため、今後どの程度の会社が適用を受けるのか、注目されるところです。

第３節　2021 年度（令和３年度）税制改正の内容

ここでは、大きな転換点となった 2021 年度（令和 3 年度）税制改正の内容を確認します。

①事前承認制度の廃止

帳簿書類の電子保存、スキャナ保存について、2021 年 12 月までは事前に税務署への届出が必要でした。2022 年 1 月以降は、これらの事前承認が不要となりました。これによって、事業者が電子帳簿保存を始めるハードルが大きく下がりました。

②優良電子帳簿制度の創設

2021 年 12 月までの電子帳簿保存の要件を満たす帳簿は「優良電子帳簿」として格上げされ、優良電子帳簿以外の電子帳簿は「その他の電子帳簿」として区分されるようになりました。

優良電子帳簿は、事前の税務署長への届出や、訂正・削除・追加の事実と、帳簿の相互関連性を確認できるシステムの利用が必要であり､これまで事業者にとってハードルの高いものでした。そこで、2022 年 1 月からは、この優良電子帳簿の要件を満たした場合には過少申告加算税が 5% 軽減される特典が与えられ、その他の電子帳簿は要件が大幅に緩和されて保存が認められることになったのです。

その他の電子帳簿については、システムに関する書類（システムの操作説明書等）を備え付け、ディスプレイ等に明瞭な状態で速やかに出力できるようにしておけば保存の要件を満たすことになりました。このようにその他の電子帳簿という区分ができたことによって、高機能な会計ソフトを持たない事業者にとっても、電子帳簿の保存が現実的なものとなったのです。

③ タイムスタンプ要件の緩和

スキャナ保存においてはこれまで、領収書等を受け取った本人がタイムスタンプを付与する場合には、受領からタイムスタンプ付与まで３営業日以内という期限がありました。改正後は、「受領後最長２か月＋おおむね７営業日」以内にタイムスタンプを付与すれば良いこととなりました。この改正は、電子取引の真実性を確保するためのタイムスタンプ付与要件でも同様の取扱いです。

さらに、記録した事項（日付、金額など）を確認できる（あるいは訂正又は削除ができない）システム（以下、「訂正削除システム」と呼びます）を利用してデータを保存した場合には、タイムスタンプ付与が不要となりました。タイムスタンプのデータが存在していた日時を証明する機能が、システムに備わっていれば良いことになったのです。後述するクラウド会計はこの機能を有しており、タイムスタンプがネックとなっていた事業者にも、スキャナ保存の道が開かれました。

④ 適正事務処理要件の廃止

スキャナ保存は、2021 年 12 月までは領収書等を受領してからタイムスタンプ付与までの各業務について、相互牽《けん》制、定期的な検査及び再発防止の対策など、厳しい要件（適正事務処理要件）を満たす必要がありました。受けとった紙をスキャンし、原本を廃棄するまでには大きなハードルがあったのです。

2022 年 1 月以降は、この適正事務処理要件が廃止となりました。したがって、領収書等を受けとってタイムスタンプを付与（又は訂正削除システムを利用して保存）すれば、すぐに原本を破棄できるようになりました。これにより、人手が不足しがちな小規模の会社にとっても、スキャナ保存の道が開かれたといえます。

⑤ 検索要件の緩和

2021 年 12 月までは、帳簿書類の電子保存、スキャナ保存、電子取引保存いずれも「取引年月日その他主要な項目で検索できること」「範囲を指定して検索できること」「2 以上の項目を組み合わせて検索できること」の 3 つの検索要件を満たさなければなりませんでした。この厳しい検索要件を満たすシステムは多くなく、電子化のハードルになっていた面もあるでしょう。

改正後は、優良帳簿については検索項目が「取引年月日」「取引金額」「取引先」の 3 つに限定されるとともに、税務調査時にデータダウンロードの求めに応じられるようにしておけば、「範囲を指定して検索できること」「2 以上の項目を組み合わせて検索できること」の 2 つの要件は不要となりました。優良帳簿以外の帳簿については、税務調査時にデータダウンロードの求めに応じられるようにしておけば、検索要件は不要となりました。

スキャナ保存・電子取引保存についても検索項目が「取引年月日」「取引金額」「取引先」の3つに限られるとともに、税務調査時にデータダウンロードの求めに応じられるようにしておけば、「範囲を指定して検索できること」「2以上の項目を組み合わせて検索できること」の2つの検索要件は不要となりました。さらに電子取引保存においては、基準期間（個人の場合には前々年、法人の場合には前々事業年度）の売上が1,000万円以下（2023年度（令和5年度）税制改正大綱では、5,000万円以下に変更予定）である場合には検索要件がすべて不要となりました。

これによって、高機能な検索ができるシステムがなくても、検索要件を満たすことが可能となりました。

⑥ 電子取引の紙保存の代替措置の廃止

2021年12月までは、電子取引はデータのまま保存することが原則であるところ、検索要件等の厳しい要件があったため、紙に出力して保存する代替措置も認められていました。

改正後は、この代替措置が認められなくなりました。電子取引は要件を満たした上ですべてデータのまま保存することが義務付けられたのです。したがって、電子取引を紙に出力して保存する方法では青色申告で認める保存書類としては取り扱われないため、青色申告の承認の取消対象にもなり得ます。とはいえ、実際に青色申告が取り消されるかどうかが、保存要件を満たしていないことのみで判断されることはなく、違反の程度を総合勘案の上判断することとされています（電子取引一問一答問57）。

この改正については、小規模事業者にとって対応が難しいと考えられるため、2 年間の宥恕《ゆうじょ》措置が設けられています。つまり、完全に電子取引の代替措置である紙保存が廃止されるのは 2024 年 1 月からで、それまでの猶予期間が設けられたかたちです（2023 年度（令和 5 年度）税制改正大綱では、相当の理由がある場合に限った恒久的な猶予措置の創設が発表されました（⑧で後述））。とはいえ、この猶予はあくまでやむを得ない事情がある場合に限られるため、基本的には電子取引のデータ保存は今すぐに対応するべきでしょう。

⑦ 不正時のペナルティ強化

スキャナ保存、電子取引保存について、不正があったときの重加算税が 10%加重されることになりました。承認が不要となり、要件が大幅に緩和される一方で、不正に関する取り締まりが強化されました。

以上①～⑦のように、2021 年度（令和 3 年度）税制改正は、これまでの厳しい要件を大幅に緩和した内容となっています。

帳簿の電子保存は「その他の電子帳簿」という区分ができたことで要件を満たしやすくなりました。スキャナ保存はタイムスタンプの代替要件として訂正削除システムによる保存が認められ、適正事務処理要件が廃止されたことによって高機能のソフトや人材に投資できない企業にとっても適用しやすくなりました。最後の電子取引では、ネックだった検索要件が緩和されたことによって、紙で保存する必要がなくなる企業も増えたことでしょう。

ここにきて、すべての企業がデジタル化する体制が整ったともいえます。

⑧ （参考）2023年度（令和5年度）税制改正大綱

2022年12月16日、2023年度（令和5年度）税制改正大綱が発表されました。執筆時点においては施行前ではありますが、電子帳簿保存法については以下の改正が行われる予定です。

大きな改正は、電子取引の保存の検索要件の免除基準の緩和、相当な理由による保存ができなかった場合の猶予措置の創設です。

区分	内容	時期
帳簿の電子保存	優良電子帳簿の範囲の明確化	2024年1月1日以後に法定申告期限が到来する国税の申告から
スキャナ保存	①解像度、階調及び大きさの保存要件廃止 ②相互関連性要件における書類を重要書類に限定	2024年1月1日以後に保存が行われる書類から
電子取引の保存	①検索要件の免除基準の緩和（対象者を以下に改正） (イ)その判定期間における売上高が5,000万円以下（現行：1,000万円以下）である保存義務者 (ロ)電子取引のデータの出力書面（整然・明瞭かつ取引年月日と取引先ごとに整理されたものに限る）の提示又は提出をできるようにしている保存義務者 ②電子取引のデータを保存要件に従って保存をすることができなかった相当な理由がある保存義務者に対する猶予措置の創設	2024年1月1日以後に行われる電子取引から

第４節

帳簿の電子保存

① 帳簿の電子保存とは

「帳簿の電子保存」は、仕訳帳、総勘定元帳等の「国税関係帳簿」を紙に代えて、データで保存することを認める制度です。

② 国税関係帳簿とは

ここでいう国税関係帳簿とは、所得税法・法人税法等で保存が義務付けられている帳簿を指します（以下、青色申告法人を前提に説明します）。青色申告法人が作成するべき国税関係帳簿は、仕訳帳、総勘定元帳、その他必要な帳簿と定められています（法規 54）。

仕訳帳には、取引の発生順に、取引の年月日、内容、勘定科目及び金額を記載する必要があります。総勘定元帳には、その勘定科目ごとに記載の年月日、相手方勘定科目及び金額を記載します。

仕訳帳、総勘定元帳以外のその他必要な帳簿については、記載する事項が次のとおり詳しく定められています（法規別表 21（青色申告書の提出の承認を受けようとする法人の帳簿の記載事項））。法人が青色申告を行うためには、これらの記載事項を満たした帳簿を作成する必要があります。なお、これらは帳簿としての形式が必須ではなく、複数の書類で帳簿の要件を満たす「帳簿代用書類」（46

❖国税関係帳簿（法人税法施行規則 別表２１（備考欄は省略））

区　分	記載事項
(一)　現金の出納に関する事項	取引の年月日、事由、出納先及び金額並びに日々の残高
(二)　当座預金の預入れ及び引出しに関する事項	預金の口座別に、取引の年月日、事由、支払先及び金額
(三)　手形（融通手形を除く。）上の債権債務に関する事項	受取手形、支払手形別に、取引の年月日、事由、相手方及び金額
(四)　売掛金（未収加工料その他売掛金と同様の性質を有するものを含む。）に関する事項	売上先その他取引の相手方別に、取引の年月日、品名その他給付の内容、数量、単価及び金額
(五)　買掛金（未払加工料その他買掛金と同様の性質を有するものを含む。）に関する事項	仕入先その他取引の相手方別に、取引の年月日、品名その他受けた給付の内容、数量、単価及び金額
(六)　(二）から（五）までに掲げるもの以外の債権債務に関する事項	貸付金、借入金、預け金、預り金、仮払金、仮受金、未収入金、未払金等に、それぞれ適当な名称を付して区分し、それぞれ、その取引の年月日、事由、相手方及び金額
(七)　有価証券（商品であるものを除く。）に関する事項	取引の年月日、事由、相手方、銘柄、数量、単価及び金額
(八)　減価償却資産に関する事項	減価償却資産については、第14条各号（償却の方法の選定の単位）に掲げる減価償却資産の区分に応じ当該各号に掲げる種類の区分（その種類につき耐用年数省令別表（第19条第2項（種類等を同じくする減価償却資産の償却限度額）の規定の適用を受ける場合には、減価償却資産の耐用年数等に関する省令の一部を改正する省令（平成20年財務省令第32号）による改正前の耐用年数省令別表）において構造若しくは用途又は細目が定められているものについては、その構造若しくは用途又は細目の区分とし、二以上の事業所又は船舶を有する法人で事業所又は船舶ごとに償却の方法を選定している場合にあつては、事業所又は船舶ごとのこれらの区分とする。）ごとに、かつ、耐用年数省令に定める耐用年数の異なるものについてはその異なるごとに区分し、それぞれ、その取引の年月日、事由、相手方、数量及び金額
(九)　繰延資産に関する事項	その種類ごとに区分し、それぞれ、その取引の年月日、事由及び金額
(十)　(一）から（四）まで及び（六）から（九）までに掲げるもの以外の資産（商品、製品、消耗品、その他棚卸しにより整理するものを除く。）に関する事項	取引の年月日、事由、相手方、数量及び金額
(十一)　売上げ（加工その他の役務の給付等売上げと同様の性質を有するものを含む。）に関する事項	取引の年月日、売上先、品名その他給付の内容、数量、単価及び金額並びに日々の売上総額。ただし、小売その他これに類するものを行う法人の現金売上げで本文の規定により難いものについては、日々の現金売上げの総額並びに売上先又は売上先を記載し難いものについてはこれに代えて取引回数を記載し、品名その他給付の内容、数量、単価又は金額のうち、その記載し難いものを省略することができる。
(十二)　(十一）に掲げるもの以外の収入に関する事項	受取利息、雑収入等に、それぞれ適当な名称を付して区分し、それぞれ、その取引の年月日、事由、相手方及び金額
(十三)　仕入れに関する事項	取引の年月日、仕入先その他の相手方、品名その他給付の内容、数量、単価及び金額並びに日々の仕入総額
(十四)　(十三）に掲げるもの以外の経費に関する事項	賃金、給料手当、法定福利費、厚生費、外注工賃、動力費、消耗品費、修繕費、減価償却費、繰延資産の償却費、地代家賃、保険料、旅費交通費、通信費、水道光熱費、手数料、倉敷料、荷造包装費、運搬費、広告宣伝費、公租公課、機密費、接待交際費、寄附金、利子割引料、雑費等に、それぞれ適当な名称を付して区分し、それぞれ、その取引の年月日、支払先、事由及び金額。ただし、少額の経費で本文の規定により難いものについては、それぞれその日々の合計金額のみを記載することができる。

頁参照）での保存も認められています。

帳簿のうち、仕訳帳と総勘定元帳は会計ソフトに標準的に備わっています。それ以外の帳簿は、必要に応じて作成することになります。電子帳簿保存法対応をきっかけに、「そもそも自社は青色申告を行うための国税関係帳簿の保存ができているのか？」と点検してみるのも良いでしょう。

③ 帳簿の電子保存の開始日

帳簿の電子保存は、原則として課税期間の初日から可能です。帳簿の備付けが課税期間の初日であることが一般的であるためです。例外的に、不動産所得、事業所得又は山林所得のいずれの業務も行っていない個人が年の中途において新たに業務を開始する場合や、法人が新たに支店等を開設し、帳簿を作成する等の場合には、課税期間の中途から帳簿の電子保存が可能です（取扱通達解説 4-4）。

④ 保存媒体

電子帳簿保存法では、記憶媒体の指定はありません。データを保存する媒体は任意に選択することができます。保存要件も媒体ごとに異なりません。したがって、保存した帳簿データを社内のサーバーに保管する他、外部のクラウドストレージに保存することも認められています（取扱通達解説 4-1）。

⑤ 優良電子帳簿とは

「優良電子帳簿」は 2022 年 1 月施行の改正で創設されたものです。優良電子帳簿の適用を受けることで、過少申告加算税が 5%軽減される優遇措置を受けられます。優良電子帳簿の適用を受けるためには、事前に税務署への特例適用届出書の提出が必要です。その期限は、適用を受ける課税期間の法定申告期限までです。

なお、既に改正前の帳簿の電子保存の承認を受けた事業者は、取りやめの届出書の提出がない限り、承認の効力は有効です。したがって、引き続き改正前の要件により帳簿の電子保存を続ける必要があります。ただし、承認を受けたままでも、新たに特例適用届出書を提出することで、過少申告加算税の軽減措置を受けることができます。

いずれにしても、優良電子帳簿の優遇措置である過少申告加算税の軽減を受けるためには届出書が必須、ということが重要です。前述したとおり、2021 年度（令和 3 年度）税制改正では帳簿の電子保存の事前承認は不要となりました。一方で、優良電子帳簿として特典を受けるためには届出が必要という点に、注意が必要です（届出書は 28 頁）。

国税関係帳簿の電磁的記録等による保存等に係る過少申告加算税の特例の適用を受ける旨の届出書（優良）

税務署受付印

※整理番号	

令和 5 年 5月 31 日 麹町　税務署長殿 （所轄外税務署長） 税務署長殿 （規則第５条第４項において準用する規則第２条第10項の規定を適用して提出する理由）	（フリガナ） 住所又は居所 （法人の場合） 本店又は主たる事務所の所在地	チヨダク　カスミガセキ３－１－１ 千代田区霞が関３－１－１ （電話番号０３－ＸＸＸＸ－ＸＸＸＸ）
	（フリガナ） 名称（屋号）	カスミショウジ　カブシキガイシャ 霞商事　株式会社
	法人番号	1 2 3 4 5 6 7 8 9 1 2 3 4
	（フリガナ） 氏名 （法人の場合） 代表者氏名	コクゼイ　タロウ 国税　太郎
	（フリガナ） （法人の場合） 代表者住所	チヨダクオオテマチ△－△－△ 千代田区大手町△－△－△ （電話番号 ０３－ＹＹＹＹ－ＹＹＹＹ）

法第８条第４項の規定の適用を受けたいので、規則第５条第１項の規定により届け出ます。

1　特例の適用を受けようとする国税関係帳簿の種類並びに備付け及び保存に代える日
簿のほか、作成している場合にはその他の補助帳簿につ

帳簿の種類 根拠税法	名称等	備付け及び保存に代える日	帳簿の種類 根拠税法	名称等	
□ 所得税法 ☑ 法人税法 ☑ 消費税法	総勘定元帳	令和4年 4月 1日	□ 所得税法 ☑ 法人税法 □ 消費税法	固定資産台帳	年　月　日
□ 所得税法 ☑ 法人税法	仕訳帳	年　月　日	□ 所得税法 ☑ 法人税法		
□ 所得税法 ☑ 法人税法	売掛金元帳	年　月　日	□ 所得税法 ☑ 法人税法		
□ 所得税法 ☑ 法人税法	買掛金元帳	年　月　日	□ 所得税法 ☑ 法人税法		年　月　日

2　その他参考となるべき事項

（1）　特例の適用を受けようとする国税関係帳簿の作成・保存に使用するプログ

□市販のソフトウェアのうちＪＩＩＭＡの認証を受けているもの

（メーカー名：　　　　商品名：　　　　）

□市販のソフトウェア（メーカー名：　　　　商品名：　　　　）

☑自己開発（委託開発の場合は、委託先：㈱■■■社（埼玉県和光市○―○―○）　　　　）

（2）　その他参考となる事項

（例）　○年○月○日に承認を受けた次の国税関係帳簿について、○年○月○日以後保存する国税関係帳簿についてはその承認を取りやめ、令和３年度の税制改正後の要件で保存等を行うこととしましたので、届け出ます。

・総勘定元帳、仕訳帳、売掛金元帳、買掛金元帳、…（承認済国税関係帳簿の種類）

税理士署名	

※税務署処理欄	通信日付印	確認	入力年月日
	年　月　日		年

（1／1）

（出典：国税庁）

優良電子帳簿の保存要件は、基本的に改正前の電子帳簿と同じです。詳しくは後述しますが、独自の要件として、訂正・削除・追加の事実の確認、帳簿間での記録事項の相互関連性の確保等の要件が必要です。

なお、過少申告加算税の軽減を受けるためには、作成しているすべての国税関係帳簿を優良電子帳簿の要件にしたがって保存している必要があります（2023年度（令和5年度）税制改正大綱では、要件を満たすべき国税関係帳簿の範囲が明確化されています）。一部の国税関係帳簿のみ要件を満たすだけでは、過少申告加算税の軽減措置は受けられません（帳簿書類一問一答問39）。

これらの優良電子帳簿の要件を満たしたシステムについては、公益社団法人日本文書情報マネジメント協会（JIIMA《ジーマ》）の認証を受けたものとして、同協会のWebページで確認することができます。優良電子帳簿を検討している会社は、確認した上での検討をお勧めします。

⑥ その他の電子帳簿

優良電子帳簿以外の電子帳簿（以下、「その他の電子帳簿」）は優良電子帳簿の要件のうち、一部の要件が不要な帳簿です。

その他の電子帳簿は事業者が作成すべき国税関係帳簿のうち、その全部又は一部をデータで保存することができるとされています。したがって、部分的な帳簿の電子保存が可能です。これまでは、帳簿の電子保存を行う場合にはJIIMAに認証されたシステムなど、厳格な要件が必要でした。優良電子帳簿以外のその他の電子帳簿が創設されたことによって、市販されている会計ソフトの大半が要件を満たすことになりました。

⑦ 帳簿の電子保存の要件

電子保存を行う帳簿は、会計ソフト等のシステムで一貫して作成されたものでなければなりません。帳簿の電子保存の要件は、前述した「優良電子帳簿」と「その他の電子帳簿」によって下記のとおり異なります。

❖帳簿の電子保存の要件

要件	優良	その他
システムのマニュアル等の備付け	○	○
見読可能性の確保	○	○
ダウンロードの求めに応じること	(※)	○
訂正・削除・追加を確認することができるシステムの利用	○	-
帳簿間での記録事項の相互関連性の確保	○	-
検索機能の確保	(※)	-

(※) ダウンロードの求めに応じる場合には、検索機能のうち、範囲指定及び２以上の項目を組み合わせて検索できる機能は不要。

(1) システムのマニュアル等の備付け

帳簿の電子保存を行う場合には、以下のマニュアル等を備え付けなければなりません（規則２②一、取扱通達解説 4-6)。

❖備付けが必要なマニュアル等

マニュアル等	詳細・具体例
❶　システムの概要を記載した書類	システム全体の構成及び各システム間のデータの流れなど、処理過程を総括的に記載したもの。例えば、システム基本設計書、システム概要書、フロー図、システム変更履歴書など
❷　システムの開発に際して作成した書類	システム仕様書、システム設計書、ファイル定義書、プログラム仕様書、プログラムリストなど
❸　システムの操作説明書	入出力要領などの具体的な操作方法を記載したもの。例えば、操作マニュアル、運用マニュアルなど
❹　帳簿データの備付け及び保存に関する事務手続を明らかにした書類	入出力処理（記録事項の訂正・削除・追加含む）の手順等を明らかにしたもの

なお、❶と❷の書類は自社が開発した、又は自社が責任となってシステム開発事業者に委託したシステムに限り必要となります。したがって、クラウド会計のように市販のソフトを利用する場合にはこれらの書類は不要です。また、税理士事務所等に帳簿の作成を外注している場合は、❸の操作説明書も不要です。

以上の書類は、書面以外の方法により備え付けることも可能です。したがって、クラウド会計のようにオンライン上にマニュアルやヘルプが組み込まれている場合には、ディスプレイ等に速やかに出力可能な状態にしておけば問題ありません。

❹の「事務手続を明らかにした書類」とは、帳簿のデータ保存を行うにあたってその手順や担当者などの社内ルールを明らかにするための書類です。具体的には、以下の事項を記載する必要があります。

- 入出力処理（帳簿データの訂正又は削除及び追加をするための処理も含む）の手順

- 入出力処理の日程及び担当部署
- 帳簿データの保存等の手順及び担当部署

(2) 見読可能性の確保

帳簿データの備付け及び保存をする場所に、PC（パソコン）、プログラム、ディスプレイ及びプリンタ並びにこれらの操作説明書を備え付け、ディスプレイの画面及び書面に、整然かつ明瞭に、速やかに帳簿データを出力できるようにしておくことが必要です。

ここでいうPCは、必ずしもその帳簿データの作成過程において使用されたものである必要はありません。例えば、会計ソフトがインストールされていないPCから、PDF等の形式で出力できるようにしておく形でも良いこととされています（取扱通達解説4-7）。

なお外部の委託先（税理士事務所等）に処理を委託している場合には、帳簿データの保存場所（会社のサーバーなど）に帳簿データが保存されていない場合もあります。このような場合でも、委託先とクラウドストレージなどを共有して、保存場所にてディスプレイ等に速やかに帳簿データを出力できれば、保存場所に帳簿データが保存されているものと取り扱われます（取扱通達解説4-7）。外部の税理士事務所等に帳簿の作成を依頼している状態で帳簿の電子保存を行う場合には、あらかじめ「どのように帳簿データを共有するのか」を打ち合わせておくと良いでしょう。

(3) ダウンロードの求めに応じること

税務調査の際、税務職員に帳簿データの提示又は提出の要求に応じられるようにしておくことが必要です。優良電子帳簿の場合、ダウンロードの求めに応じることは必須ではありませんが、応じることにより後述する検索機能の一部（範囲指定及び2以上の項目を組み合わせて検索できる機能）が、不要となります。

なお、「要求に応じる」とは税務職員の求めのすべてに応じた場合を指します。したがって、帳簿データを要求されたときに「このデータは提出するが、このデータは提出しない」など、一部でも応じない場合は要件を満たしません。また、帳簿データは税務職員の求めた状態（形式）で提出される必要があります。例えば、csv形式で出力が可能であり、csv形式で提出を求められた場合にはこれに応じ、その他の形式（PDF等）で提出するということはできません（取扱通達解説4-14）。

(4) 訂正・削除・追加を確認することができるシステムの利用（優良電子帳簿のみ）

優良電子帳簿として帳簿のデータ保存を行う場合に必要な要件です。具体的には、以下の機能が備わったシステムの利用が必要です（規則5⑤一イ）。

❶　帳簿データの記録事項について訂正又は削除を行った場合には、これらの事実及び内容を確認できること。 ❷　帳簿データの入力をその業務の処理に係る通常の期間を経過した後に行った場合には、その事実を確認できること。

なお、❶の「訂正又は削除」は、該当する仕訳の記録事項を直接変更するだけでなく、同様の効果を得られる新たな仕訳（いわゆる反対仕訳）を追加することも含まれます（取扱通達解説8-7）。

一方、担当者が入力した仕訳を上司がダブルチェックし、訂正させることは通常であり、それについてまで訂正履歴の確保を求めることは実務に即しません。そこで、あらかじめ内部規程（前述した、帳簿データの備付け及び保存に関する事務手続を明らかにした書類）に訂正又は削除を行う期間を定めておき、かつその期間が入力日から1週間を超えない場合には、訂正又は削除の履歴は確保しないでよいとされています（取扱通達解説8-9）。具体的には、入力日から自動的に訂正削除期間を判定し、その期間内であれば履歴を残さないシステム等が考えられます。

❷の要件は、具体的には追加入力の履歴の確保です。例えば、仕訳を入力すると入力日又は仕訳番号等が自動的に付され、それを訂正又は削除することができないシステムを利用する場合には、この要件を満たします（取扱通達解説8-10）。なお、ここでいう「その業務の処理に係る通常の期間」とは、社内で定めた入力期間（日次、週次及び月次）をいいます（帳簿書類一問一答問29）。この入力期間は、最長2か月であれば、通常の期間として取り扱われます。

(5) 帳簿間の記録事項の相互関連性の確保（優良電子帳簿のみ）

こちらも優良電子帳簿として帳簿のデータ保存をする場合に必要な要件です。各帳簿との間で、相互に関連性を確認できるようにしておく必要があります（規則5⑤一ロ）。具体的には、以下に掲げる方法です（取扱通達解説8-11）。

- 一方の帳簿の記録事項が他の帳簿に個別転記される場合には、その転記された事項が特定できるための一連番号等の情報が記録されること（例えば、仕訳帳と総勘定元帳が仕訳番号で紐づけられる場合）
- 一方の帳簿の記録事項が集計されて他の帳簿に転記される場合には、どの記録事項が集計されたかを明らかにする情報が記録されること（例えば、総勘定元帳の一定期間の売上科目の集計と、売上帳の集計金額が一連の番号で紐づけられる場合）

(6) 検索機能の確保（優良電子帳簿のみ）

優良電子帳簿については、記録された事項について、一定の検索をできるようにしておく必要があります。具体的には、以下のとおりです（規則５⑤一ハ）。

❶　取引年月日、取引金額及び取引先（❷❸において「記録項目」という）を検索の条件として設定できること。
❷　日付又は金額に係る記録項目については、その範囲を指定して条件を設定できること。
❸　二以上の任意の記録項目を組み合わせて条件を設定できること。

ここでいう検索機能とは、設定した条件で記録事項を探し出すことができ、かつその記録事項のみがディスプレイ等に整然と出力されることを指します。したがって、検索しても抽出しきれないデータが存在する場合には、検索機能の確保の要件を満たさないことになります。

また、❶の取引年月日、取引金額及び取引先とは、具体的には以下の項目が該当します（取扱通達解説 8-13）。

❖検索の記録項目

帳簿名	記録項目
仕訳帳	取引年月日及び取引金額
総勘定元帳	記載年月日及び取引金額
現金出納帳、売上帳及び仕入帳などの補助記入帳	取引年月日、取引金額及び取引先名称
売掛金元帳、買掛金元帳などの補助元帳	記録又は取引の年月日、取引金額及び取引先名称
固定資産台帳、有価証券台帳及び給与台帳など資産名や社員名で区分して記録している帳簿	資産名又は社員名

❷については、具体的には課税期間ごとに日付又は金額の任意の範囲を指定して条件設定を行い検索できることが必要です。これは、紙の帳簿である場合には通常課税期間ごとに綴られて保管されるように、電子帳簿の場合にも同様のことができるようにしておく必要があるためです。ただし、二課税期間以上又は別々の帳簿にまたがって範囲指定できることは求められていません。さらに、一課税期間のデータ量が膨大であるため複数の保存媒体に保存せざるを得ない等合理的な理由がある場合には、一課税期間内の合理的な期間ごとに任意の範囲を指定して検索できればよいとされています（取扱通達解説 4-10）。

❸については、記録項目（取引年月日、取引金額及び取引先）のうちの任意の 2 つを選択して検索条件に設定できる機能をいい、いずれの組み合わせによっても検索可能であることが必要です。

以上が検索要件ですが、前述したとおり税務調査時にダウンロードの求めに応じられるようにしておけば、検索機能のうち❷と❸の要件は不要となります。

以上、帳簿の電子保存の概要と要件を確認しました。

ポイントは、2022 年 1 月から始まった優良電子帳簿制度と、その他の電子帳簿の要件の違いを理解することです。まずは自社で使っているシステムが優良電子帳簿の要件を満たすかを確認し、満たしていたら届出の検討をしてみるとよいでしょう。その他の電子帳簿として保存を行うのであれば、届出の必要はありません。事務手続を明らかにした書類の準備をした上で、直近の課税期間から電子帳簿保存を始めることができますので、検討してもよいでしょう。

第５節 書類の電子保存

① 書類の電子保存とは

「書類の電子保存」は、貸借対照表や損益計算書、棚卸表などの決算関係書類や請求書など、主に自社がPCで作成した「国税関係書類」をデータで保存することを認める制度です。

ポイントとなるのが、「自社がPCで作成した」という部分です。この意味するところは、自社が作成にあたって一貫してシステムを利用して作成して手を加えていない、という点です。したがって、PCで作成した請求書等を印刷して手書きするなど、新たに変更を加えてしまうと書類の電子保存の対象にはなりません（帳簿書類一問一答問24）。

② 国税関係書類とは

ここでいう「国税関係書類」とは、法人税法で保存が義務付けられている書類を指します。青色申告法人が保存すべき国税関係書類は、決算関係書類と取引関係書類に大別されており、具体的には以下のとおりです（法規56、57、59①三）。

❖国税関係書類

区分	書類		電子帳簿保存法の区分
決算関係書類	棚卸表	・商品又は製品（副産物及び作業くずを含む） ・半製品、仕掛品（半成工事を含む） ・主要原材料 ・補助原材料 ・消耗品で貯蔵中のもの ・その他これらの資産に準ずる資産についての種類、品質及び型の異なるごとの数量、単価及び金額	書類の電子保存
	貸借対照表及び損益計算書	各事業年度終了の日における業態及び規模等の実績によりおおむね法規別表 22 に掲げる科目に従い作成したもの	
取引関係書類	相手から受け取った注文書、契約書、送り状、領収書、見積書その他これらに準ずる書類及び自己の作成したこれらの書類でその写しのあるものはその写し		書類の電子保存又はスキャナ保存

③ 書類の電子保存開始日

書類の電子保存は、いつからでも（課税期間の中途からでも）始められます。帳簿と異なり、書類は作成されるとただちに保存されるものであるからです。

④ 書類の電子保存の要件

書類の電子保存の要件は、以下のとおりです。

❖書類の電子保存の要件

(1)　システムのマニュアル等の備付け
(2)　見読可能性の確保
(3)　ダウンロードの求めに応じること（※）
(4)　検索機能の確保（※）

（※）　(3)(4)はいずれかの要件を満たせばOK

(1) システムのマニュアル等の備付け

書類の電子保存を行うにあたっては、帳簿の電子保存と同様、以下の書類を備え付ける必要があります。

❶　システムの概要を記載した書類
❷　システムの開発に際して作成した書類
❸　システムの操作説明書
❹　書類データの備付け及び保存に関する事務手続を明らかにした書類

なお、❶と❷の書類は自社が開発した、又は自社が責任となってシステム開発事業者に委託したシステムに限り必要です。したがって、クラウド会計のように市販のソフトを利用する場合にはこれらの書類は不要です。また、税理士事務所等に書類の作成を外注している場合は、❸の操作説明書も不要です。

❹の「事務手続を明らかにした書類」は、書類の電子保存を行うにあたってその手順や担当者などの社内ルールを明らかにするための書類です。内容は、前述した帳簿の電子保存と同じです（31頁）。

以上の書類は書面以外の方法により備え付けることも可能です。クラウド会計のようにオンライン上にマニュアルやヘルプが組み込まれている場合には、適宜ディスプレイ等に速やかに出力できる状態であれば問題ありません。

(2) 見読可能性の確保

書類データの備付け及び保存をする場所に、PC、プログラム、ディスプレイ及びプリンタ並びにこれらの操作説明書を備え付け、ディスプレイの画面及び書面に、整然かつ明瞭に、速やかに書類データを出力できるようにしておくことが必要です。

なお帳簿の電子保存と同様、書類データを出力する装置は必ずしもその書類データの作成過程において使用されたものである必要はありません（取扱通達解説 4-7）。

外部の委託先（税理士事務所等）に処理を委託している場合に、書類データの保存場所（会社のサーバーなど）にデータが保存されていない場合であっても、委託先とクラウドストレージなどを共有して、保存場所にてディスプレイ等に速やかに書類データを出力できれば、問題ないとされています。帳簿の電子保存と同様に、外部の委託先に書類の保存を依頼している場合には、あらかじめ「どのように書類データを共有するのか」についても打ち合わせをした方がよいでしょう。

また、データの出力は画面印刷（ハードコピー）による方法も認められています。ただし、一の記録事項（例えば、1 枚の請求書）が複数枚の書面に分割される形式は、一覧的に確認することが困難であることから、整然とした形式に該当しません（帳簿書類一問一答問 11）。

(3) ダウンロードの求めに応じること

帳簿の電子保存と同様、税務調査のときに、税務職員の書類データの提示又は提出の要求に応じられるようにしておくことが必要です。この場合も、職員の求めのすべてに応じることが求められます。

また、書類データは税務職員の求めた状態（形式）で提出される必要があります。ただし、次の⑷の検索要件を満たしている場合には、ダウンロードの求めに応じる要件は不要です。

(4) 検索要件の確保

書類の電子保存における検索要件の確保とは、取引年月日その他の日付を検索条件として設定することができ、かつその範囲を指定して検索条件を設定できる機能を指します。なお、この検索要件は上記のダウンロードの求めに応じれば不要です。実務的には、上記のダウンロードの求めに応じることを念頭に、書類を整然と出力の上、提示又は提出できるようにしておくことがシンプルな対応と考えられます。

以上のとおり、書類の電子保存の要件は、帳簿の電子保存や次に説明するスキャナ保存、電子取引の保存と比べて比較的容易です。2022 年 1 月の改正により事前承認制度が廃止され、検索機能もダウンロードの求めに応じることにより不要とされたため、多くの会社が適用することができるでしょう。自社が作成する決算関係書類、請求書の控えは比較的電子化を行いやすいので、ここからスタートさせるのもよいでしょう。

コラム

電子帳簿保存法で変わる税務調査

電子帳簿保存法を適用される会社が本格的に増えることで、税務調査のあり方も変わってくることでしょう。

帳簿の提供の仕方

これまでは、税務調査時に仕訳帳・総勘定元帳などの帳簿は紙で提供することが通常でした。今後は、帳簿の電子保存を行っている会社であれば当然、電子で提供することになるでしょう。税務調査での紙の使用はだいぶ減ることが予想されます。

書類の提供の仕方

これまでは、税務調査時に領収書・請求書等の証憑《しょうひょう》類も紙で提供することが通常でした。スキャナ保存・電子取引保存を行っている場合には、これらもデータで提供することになります。

この際、データの提供方法も注目されます。

データの保存場所は社内のサーバーや、外部のクラウドストレージなど自由であるため、これらに分散されて保存されていることもあるでしょう。したがって、税務職員に自ら保存場所にアクセスしてもらう必要が出てくる可能性があります。

クラウド会計を利用している場合には、クラウド会計上のファイルストレージにスキャンした書類や電子取引データが、真実性確保や検索要件等を満たした上で保存されます。税務職員にこれらのデータの状況を確認してもらうためには、アクセスする権限を与えるか、一緒に閲覧するなどの対応が必要です。

税務調査の事前準備

以上を踏まえると、税務調査の事前準備もこれまでと変わってきます。クラウド上に保存されているデータにいかにアクセスしてもらうか、権限設定などの対応が必要となります。いずれにしても紙の書類と同様に、普段からデータについても「必要なときに必要なデータが取り出せる」「検索要件等の要件を満たしている」状態にしておくことが大切です。

第6節

スキャナ保存

① スキャナ保存とは

スキャナ保存（制度）とは、主に取引先から受け取った紙の書類について、スマートフォンやスキャナなどでスキャンした、そのデータを保存することを認める制度です。帳簿書類の電子保存、電子取引の保存と異なるのは、いったん「紙」にしたものをデータ化し、保存するという点です。

② スキャナ保存の対象となる書類

スキャナ保存の対象となる書類は、前述した国税関係書類のうち、決算書類（棚卸表、貸借対照表及び損益計算書など）を除く書類です。また、仕訳帳、総勘定元帳などの帳簿もスキャナ保存から除かれます。

主に、取引先から受け取った紙の請求書、納品書、領収書等が該当します。

③ スキャナ保存の適用要件

スキャナ保存を行うためには、以下の要件を満たす必要があります。

❖スキャナ保存の要件

要件	重要書類	一般書類	過去分重要書類
入力期間（領収書受領からタイムスタンプ付与までの期間）の制限（※1）	○	-	-
一定水準以上の解像度（200dpi 以上）による読み取り	○	○	○
カラー画像による読み取り（赤・緑・青それぞれ 256 階調以上）	○	-	○
タイムスタンプの付与（※2）	○	○	○
解像度及び階調情報の保存	○	○	○
大きさ情報の保存（※3、4）	○	-	○
ヴァージョン管理（訂正又は削除の事実及び内容の確認等）	○	○	○
入力者等情報の確認（※4）	○	○	○
スキャン文書と帳簿との相互関連性の保持（※5）	○	○	○
見読可能装置の備付け	○	-	○
整然・明瞭出力	○	○	○
システムの開発関係書類等の備付け	○	○	○
検索機能の確保	○	○	○

※１　受領後速やかに入力又は業務サイクル期間（最長２か月。別途規程が必要）経過後、速やかに入力。
※２　訂正削除システムに保存すれば、タイムスタンプは不要。
※３　受領者等が読み取る場合、A4 以下の書類の大きさに関する情報は保存不要。
※４　2023 年度（令和５年度）税制改正により廃止予定。
※５　2023 年度（令和５年度）税制改正により重要書類に限定される予定。

(1)「入力期間」とは

要件の中に「入力期間」という言葉が出てきますが、これは領収書を受領してスキャンし、タイムスタンプを付与するまで（又は訂正削除システムに保存するまで）の期間を指します。

(2) 一般書類・重要書類とは

45 頁の表のうち「一般書類」とは、資金や物の流れに直結・連動しない書類を指します。例えば、以下の書類が例として挙げられています（スキャナ保存一問一答問 48)。これらには入力期間の制限はなく、適時にタイムスタンプを付与することが可能です。

- 保険契約申込書、電話加入契約申込書、クレジットカード発行申込書のように別途定型的な約款があらかじめ定められている契約申込書
- 口座振替依頼書
- 棚卸資産を購入したものが作成する検収書、商品受取書
- 注文書、見積書及びそれらの写し
- 自己が作成した納品書の写し

同じく「重要書類」とは、一般書類を除く国税関係書類です。資金や物の流れに直結・連動する契約書、請求書、領収書等が該当します。

なお、スキャナ保存を適用する前に受領した重要書類（過去分重要書類）についても、適用届出書を所轄の税務署長に提出することでスキャナ保存が可能となります。

(3) 帳簿代用書類

帳簿代用書類とは、帳簿に記載するべき事項を代用する書類を指します。例えば、従業員が立て替えた交際費の領収書を所定の事項（取引年月日、内容など）を記載した精算書とともに提出させた場合、この精算書が帳簿代用書類となります。帳簿代用書類は、スキャナ

保存の対象とすることができます。その場合、重要書類として保存要件を満たす必要があります（スキャナ保存一問一答問 8）。

(4) 重要書類の入力期間の期限

重要書類については入力期間に期限が設けられています。1 つは作成又は受領後「速やかに」で、もう 1 つは「業務サイクル期間後速やかに」です（規則 2 ⑥一）。

「速やかに」を選択した場合には「受領後おおむね 7 営業日以内」、「業務サイクル期間後速やかに」を選択した場合には「その業務に係る通常の期間（最長 2 か月）＋おおむね 7 営業日以内」に入力する必要があります（以下、「業務サイクル方式」と呼びます）。

業務サイクル方式による場合には、責任者、入力の順序、方法などの処理手続、さらにはアウトソーシングの際の事務手続を定めた規程が必要となります。

2021 年 12 月までは、受領する人とスキャンする人が同一である場合には、受領後 3 営業日以内にタイムスタンプを付与する必要がありました。2022 年 1 月以降、どんなケースでも「最長 2 か月＋ 7 営業日」以内に統一されたことでシンプルなルールとなり、よりスキャナ保存を行いやすくなりました。

また、後述する入力者情報の確認、帳簿との相互関連性の確保及び検索機能の確保は、入力時点では必要ありません。これらはデータを保存するまでに確保しておけばよく、その時点で仮に帳簿が作成されていない場合は、決算終了後に遅滞なくこれらの要件を満たしていれば認められます (スキャナ保存一問一答問 21)。

(5) 一定水準以上の解像度、カラー画像による読み取り

スキャナ保存は、200dpi 以上の解像度で読み取ることが必要です。この要件を満たしているかどうかは、読み取った書類の大きさ

と画素数を基に判断されます。例えば、A4 サイズの紙についてこの解像度の要件を満たすためには、約 387 万画素以上が必要です。最近ではスマートフォンであっても 1,000 万画素以上というものが多いので、最新の端末であれば特に問題ないでしょう。

また、重要書類については赤色・緑色・青色それぞれ 256 階調以上（24 ビットカラー）であることが必要とされています（規則 2 ⑥ニイ）。

(6) タイムスタンプの付与

受領した領収書について、以下の要件を満たしたタイムスタンプ付与を行う必要があります（規則 2 ⑥ニロ）。

- 一般社団法人日本データ通信協会が認定する業務に係るタイムスタンプであること。
- 記録事項が変更されていないことについて、保存期間を通じて確認できること。
- 課税期間中の任意の期間を指定してその期間内に付したタイムスタンプを一括して検証できること。

上記のタイムスタンプは「一の入力単位ごと」に付与が必要とされています。この「一の入力単位」とは、意味として関連づけられたもの又は物理的に関連づけられたものを指します。例えば 3 枚綴りの請求書の場合には、意味として 3 枚で 1 つの書類を構成しているため、一度に読み取る 3 枚が一の入力単位となります。一方、台紙に小さなレシートを複数枚貼付した場合には、物理的に複数の書類を 1 度のスキャンで電子化することになるため、台紙が一の入力単位となります。また、複数の書類を 1 度にスキャンする場合、それぞれの書類ごとに関連する帳簿との関連性が明らかにされ、検索できる状態にする必要があります（取扱通達解説 4-19）。

なお2022年1月の改正で、訂正削除システムに保存し、保存日時等の記録事項が確認できれば、タイムスタンプの付与は不要となりました。具体的には、訂正削除システムの要件を満たすクラウドサーバーに保存を行うことで、自動的にそのデータがNTP（Network Time Protocol）に同期され保存日時の証明が客観的に担保されている場合が該当します（取扱通達解説4-28）。

この訂正削除システムは、基本的には自社システムでは要件を満たすことができません。自社システムでは、保存された時刻の記録について改ざんされていないことを完全に証明することができないからです（自社が時刻証明機能を備えたクラウドサービス等を他社に提供している場合を除く）。したがって、自社システムではタイムスタンプの代替要件である訂正削除システムへの保存要件を満たすことができず、原則通りタイムスタンプ要件を満たす必要がある点に注意です。

(7) 解像度及び階調情報、大きさ情報の保存

書類をスキャナで読み取る際に、解像度及び階調情報、大きさ情報の保存が必要です（規則2⑥二ハ）。

スマートフォン等で撮影する場合には、解像度及び階調情報を保存することが困難な場合も考えられます。この場合には、書類の大きさにかかわらず画素数情報を保存する必要があります（スキャナ保存一問一答問26）。

大きさ情報については、書類の受領者がスキャナで読み取り、A4以下のサイズの場合には、保存は不要です。一方、受領者以外の者が読み取る場合と、A4を超えるサイズの場合には大きさ情報の保存が必要となります。

クラウド会計では、スキャンした書類のアップロード時にこれらの情報が保存されます。

なお、2023年度（令和5年度）税制改正により、2024年1月1日以降に保存が行われる書類から、これらの要件は廃止される予定です。

(8) ヴァージョン管理（訂正又は削除の事実及び内容の確認等）

いったんスキャナ保存した書類について、訂正又は削除を行った場合にはこれらの事実と内容を確認することができる（もしくは訂正又は削除を行うことができない）システムを利用する必要があります（規則2⑥二二）。

例えば、一度スキャナ保存した取引先から請求書の内容に変更があったとして訂正後の請求書を受領した場合、その新たに受領した請求書だけを「最新版」として上書きしてスキャナ保存することはできないということです。訂正後の請求書はもちろん、訂正前の請求書もすべて残しておかなければなりません（取扱通達4-25、4-27）。

なおクラウド会計では、スキャンした書類の改定情報を記録できる仕様となっています。

(9) 入力者等情報の確認

スキャナ保存された事項について、書類の入力を行う者又はその者を直接監督する者に関する情報を確認できる状態にしておく必要があります（規則2⑥三）。

「入力を行う者」とは、単にスキャンするだけでなく、読み取った画像が紙の書類と同等であること等を確認した者を指します。また、「直接監督する者」も、実際のスキャン作業を直接指揮監督するという形で関わっていることが必要です。したがって、単に最終決裁を行う者である場合には、スキャン作業自体を直接監督しているとはいえないので、「直接監督する者」からは外れます（取扱通達4-29、スキャナ保存一問一答36)。

また、入力者等情報の確認のために、その者を特定できる役職名、所属部署名及び氏名などの身分を明らかにすることが必要です。具体的には、書類に電子署名を付す他、ID(身分証明)を保存する方法、入力者の情報が記載された書面を備え付ける方法が考えられます(取扱通達解説4-30)。

クラウド会計の場合には、メールアドレス等をIDとして、書類のアップロードをした人が記録されるため、これと従業員名簿(データでも可能)を突き合わせて入力者を確認できれば問題ないでしょう。

なお、2023年度(令和5年度)税制改正により、2024年1月1日以降に保存が行われる書類から、この要件は廃止される予定です。

(10) スキャン文書と帳簿との相互関連性の保持

スキャンデータの記録事項と、それに関連する帳簿の記録事項との間で、相互にその関連性を確認することができるようにしておく必要があります(規則2⑥四)。この要件は、「紙で書類を保管していたときと同じように、スキャンデータと帳簿(データ)を紐づけられるようにしておく」という趣旨です。

例えば、取引案件番号等で、スキャン文書と帳簿を相互に紐づける方法です。

この場合、関連性を確保するための番号等が帳簿に記載されていない場合であっても、他の書類を確認することによって帳簿に記載すべき番号が確認でき、かつ、関連する書類が確認できる場合には帳簿との関連性が確認できるものとして取り扱われます。また、帳簿データとスキャンデータは必ずしも1対1の対応関係である必要はありません。

なお、結果的に取引にいたらなかった見積書など、帳簿との関連性がない書類についても、帳簿との関連性を持たない書類であることを確認できる必要があります（取扱通達解説 4-31）。
　各書類に関連する帳簿の例としては、以下のものが例として挙げられています（取扱通達解説 4-32）。

❖関連する帳簿の例

書類	関連する帳簿
契約書	契約に基づいて行われた取引に関する帳簿（例：売上の場合には売掛金元帳等）等
領収書	経費帳、現金出納帳等
請求書	買掛金元帳、仕入帳、経費帳等
納品書	買掛金元帳、仕入帳等
領収書控	売上帳、現金出納帳等
請求書控	売掛金元帳、売上帳、得意先元帳等

　クラウド会計は、スキャンしたデータを取引に添付することが可能ですので、この機能によって相互関連性の要件を満たすことができます。
　なお、2023 年度（令和 5 年度）税制改正により、2024 年 1 月 1 日以降に保存が行われる書類から、重要書類のみ相互関連性が必要となる予定です。

（11）見読可能装置の備付け、整然・明瞭出力

　データの可視性を確保するために、以下の要件を満たすディスプレイ等の見読可能装置等の備付けが必要です（規則 2 ⑥五）。

● 最大径が 35 センチメートル以上のカラーディスプレイ及びカラープリンタ並びにこれらの操作説明書を備え付けること

- 当該電磁的記録をカラーディスプレイの画面及び書面に、次のような状態で速やかに出力することができるようにしておくこと
  - 整然とした形式であること
  - 紙の書類と同程度に明瞭であること
  - 拡大又は縮小して出力することが可能であること
  - 4ポイントの大きさの文字を認識することができること

スキャンデータの出力は、上記の要件を満たしていれば画面印刷（ハードコピー）による方法も認められています。ただし、一の記録事項（例えば、1枚の領収書）が複数枚の書面に分割される形式は、一覧的に確認することが困難であることから、整然とした形式に該当しません。拡大又は縮小については、読み取った書類と同じ用紙サイズの範囲で拡大・縮小できれば問題なく、用紙のサイズを大きくする必要はありません（スキャナ保存一問一答問38）。

(12) システムの開発関係書類等の備付け

帳簿の電子保存、書類の電子保存と同様、スキャナ保存を行う場合にも、以下のシステムの開発関係書類等の備付けが必要です（規則2⑥七、2②一）。

❶ システムの概要を記載した書類
❷ システムの開発に際して作成した書類
❸ システムの操作説明書
❹ スキャンデータの備付け及び保存に関する事務手続を明らかにした書類

なお、帳簿書類の電子保存と同様、❶と❷の書類は自社が開発した、又は自社が責任となってシステム開発事業者に委託したシステ

ムに限り必要です。したがって、クラウド会計のような市販のソフトを利用する場合にはこれらの書類は不要です。また、税理士事務所等に書類の作成を外注している場合は、❸の操作説明書も不要です。

❹の「事務手続を明らかにした書類」は、スキャナ保存を行うにあたってその手順や担当者などの社内ルールを明らかにするための書類です。内容は前述した帳簿書類の電子保存と同じです（31 頁）。

また、以上の書類は必ずしも書面で備え付ける必要はなく、ディスプレイ等に整然とした形で速やかに出力できればよいとされています。

（13）検索要件の確保

スキャナ保存したデータは、次の要件で検索できるようにしておく必要があります（規則２⑥六）。

❶　取引年月日、取引金額及び取引先（❷❸において「記録項目」という）を検索の条件として設定できること。
❷　日付又は金額に係る記録項目については、その範囲を指定して条件を設定できること。
❸　二以上の任意の記録項目を組み合わせて条件を設定できること。

帳簿の電子保存における検索要件と同様、税務調査時においてデータのダウンロードの求めに応じれば、❷❸の機能の確保は不要です。

取引年月日、取引金額及び取引先については、書類の区分に応じて定められており、具体的には以下が例として挙げられています（取扱通達解説 4-34）。

❖スキャナ保存の検索機能における記録項目

書類	記録項目
領収書	領収年月日、領収金額及び取引先名称
請求書	請求年月日、領収金額及び取引先名称

納品書	納品年月日及び取引先名称
注文書	注文年月日、注文金額及び取引先名称
見積書	見積年月日、見積金額及び取引先名称

また、スキャナで読み取った画像データをテキスト化することができない場合でも、取引年月日その他の日付、取引金額及び取引先を手入力するなどして検索条件として設定できるようにしておく必要があります（スキャナ保存一問一答問 43）。

なお小規模事業者の場合、検索機能のあるシステムを利用することが困難なことから、以下の方法による場合でも検索要件を満たすものとして取り扱われます。

❶　スキャンデータのファイル名に、規則性を有した形で記録項目を入力することによって検索できる状態にしておく方法
❷　Excel 等で索引簿等を作成し、スキャンデータを検索できる状態にしておく方法

④ 過去分重要書類のデータ保存

スキャナ保存を始める事業者は、スキャナ保存を開始する日前に作成・受領した重要書類についても、以下の手続を行うことによりスキャナ保存を行うことができます（規則２⑨）。

❶　過去分重要書類の種類等を記載した適用届出書を税務署長等に提出すること
❷　過去分重要書類のデータの作成・保存に関する事務手続を明らかにした書類の備付けを行うこと

なお、過去分重要書類について、入力期間の制限は設けられていません。その他の要件は重要書類とほぼ同様です。

⑤ スキャナ保存を行った場合の紙の廃棄のタイミング

2021年12月まではスキャナ保存について適正事務処理要件（相互牽制、定期的な検査、再発防止の仕組み化）が必要でしたが、2022年1月1日以後は不要となりました。したがって、2022年1月1日以後に行うスキャナ保存については、スキャン後最低限の確認（データと書面の記載事項が同等であることの確認）を行えば、即時に廃棄してよいこととなっています（スキャナ保存一問一答問3）。

⑥ スキャナ保存と消費税の仕入税額控除

スキャナ保存の要件を満たした上で保存したデータは、国税関係書類に該当します。したがって、別途紙の書類を保存をする必要はなく、スキャンデータをもって消費税の仕入税額控除を行うことができます（スキャナ保存一問一答問4）。

⑦ スキャナ保存のペナルティ

スキャナ保存については、税務調査時にデータ改ざんによる故意の不正があった場合、通常の重加算税35％に10％が加重されます（電帳法8⑤）。これは、事前申請が不要となってスキャナ保存を簡単に始められるようになった一方で、不正を未然に防ぐためのペナルティと考えられます。

⑧ スキャンミスが判明した場合の再読み取り

書類を折れ曲がった状態などでスキャンしてしまった場合、再度読み取りを行わなければなりません。このとき、読み取った書類が元の書類と同一であることが明らかな場合には、以下のいずれかを満たせば、業務サイクル方式（最長２か月＋７日）の期間内に保存が行われたものとして取り扱うことができます（スキャナ保存一問一答問 29)。

❶ 当初のスキャンが業務サイクル方式の期間内に行われ、タイムスタンプが付与されていること。
❷ スキャンミスを把握してから業務サイクル方式の期間内に再度タイムスタンプが付与されていること。
❸ スキャンミスしたデータについても、読み取りし直したデータの訂正削除履歴（ヴァージョン管理）に基づき保存していること。

なおクラウド会計の場合には、クラウド上にアップロードすることにより自動的にヴァージョンがアップデートされますので、❸の要件を満たすことになります。

以上、スキャナ保存の概要を解説しました。

2022 年１月より適正事務処理要件が廃止されて活用しやすくなったものの、細かい要件が多く、いまだハードルがあります。本書の第２章では、イメージをつかめるように、クラウド会計を活用した実際のスキャナ保存を経費精算を例に解説します。

第7節
電子取引の保存

① 電子取引とは

電子取引とは、取引の最初から紙を一切使わずに、取引情報をデータにて授受する取引をいいます。

例えば、以下の取引が挙げられます（電子取引一問一答問4）。

- 電子メールにより送られてきた請求書データ（PDFファイル等）
- インターネットのホームページからダウンロードした請求書等のデータ
- クラウドサービスで共有した電子請求書データ
- クラウドサービスを利用して取り込んだクレジットカードの利用明細データ、電子マネーのデータ、スマートフォンアプリによる決済データ
- EDI（Electric Data Interchange）取引

② 電子取引の保存要件

電子取引は、以下の要件を満たしてデータのまま保存する義務があります。

❖電子取引保存の要件

⑴　システムの概要を記載した書類の備付け ⑵　見読可能性の確保 ⑶　検索機能の確保 ⑷　真実性の確保（次のいずれかの措置） ❶　タイムスタンプが付された後のデータの授受 ❷　受け取ったデータへのタイムスタンプ付与 ❸　訂正削除システムを利用した授受・保存 ❹　訂正削除の防止に関する事務処理規程の備付け

(1) システムの概要を記載した書類の備付け

自社が開発したプログラムを利用する場合は、そのシステムの基本設計、ワークフローなどを記載したマニュアルを備え付ける必要があります（規則４①、２②一イ）。

クラウド会計を利用する場合には、他社製のソフトを利用することになりますので、この要件は必要ありません。

(2) 見読可能性の確保

電子取引を行った場合のデータは、その保存場所において PC のディスプレイ等に整然かつ明瞭な状態で速やかに出力できるようにしておくことが必要です（規則４①、２②二）。

なおこの際、ディスプレイ等の性能や設置台数についての要件はありません。ただし、「速やかに出力できる」ことが要件であるため、税務調査の際に優先的にディスプレイ等が利用できるように、事前に調整しておくことが望ましいとされています（電子取引一問一答問 16）。

(3) 検索機能の確保

電子取引のデータは、次の方法によって検索できる状態にしておくことが必要です（規則４①、規則２⑥六）。

❶　取引年月日、取引金額及び取引先（❷❸において「記録項目」という）を検索の条件として設定できること。

❷　日付又は金額に係る記録項目については、その範囲を指定して条件を設定できること。

❸　二以上の任意の記録項目を組み合わせて条件を設定できること。

ただし、帳簿の電子保存・スキャナ保存と同様、税務調査時のデータダウンロードに応じれば❷と❸の要件は不要です。さらに、判定期間（個人事業者についてはその年の前々年、法人についてはその事業年度の前々事業年度）における売上高が1,000万円以下（2023年度（令和5年度）税制改正により、2024年1月1日以降に保存が行われる電子取引から、5,000万円以下となる予定）である事業者で、電子取引のデータの提示又は提出の要求に応じられるようにしているときは、検索機能の確保はすべて不要となります。

なお、検索機能の確保は、小規模事業者にとっては負担が重いといえます。検索機能を確保する方法の例として、国税庁は、ファイル名に検索項目を含める方法と、Excelで作った索引簿で対応する方法を紹介しています（電子取引一問一答問15）。

❖ファイル名に検索項目を含める例

2022年10月31日に株式会社国税商事から受領した110,000円の請求書
➡　20221031（株）国税商事110000.xlsx

20221031（株）国税商事110000.xlsx

❖索引簿の例

受領した請求書等データのファイル名に連番を付して、内容については索引簿で管理する。

連番	日付	金額	取引先	備考
①	20210131	110000	㈱霞商店	請求書
②	20210210	330000	国税工務店㈱	注文書
③	20210228	330000	国税工務店㈱	領収書
④				
⑤				
⑥				
⑦				
⑧				

(出典：電子取引一問一答問 15)

この方法は、電子取引保存についてシステムを導入する余裕がない、又はシステムを使うための IT スキルに不安がある事業者におすすめです。ただし、検索しやすいリストやファイル名にするなどの工夫は必要です。

(4) 真実性の確保

電子取引の真実性を確保するために、以下のいずれかの措置が必要となります（規則４①)。

❶　タイムスタンプが付与された電子取引データを受け取ること
❷　受け取った電子取引データにタイムスタンプを付し、データの保存を行う者等の情報を確認できるようにしておくこと
❸　次のいずれかのシステム（訂正削除システム）を利用して電子取引データの授受・保存を行うこと

・　電子取引データについて訂正又は削除を行った場合に、その事実・内容を確認できること
・　電子取引データについて訂正又は削除を行うことができないこと

❹　電子取引データについて正当な理由がない訂正及び削除の防止に関する事務処理の規程を定め、その規程に沿った運用を行い、電子取引データの保存に併せて規程の備付けを行うこと

❷のタイムスタンプの付与期間は、スキャナ保存と同様です。電子取引データの受領後速やかに（おおむね７営業日以内）か、業務サイクル方式 (最長 2 か月 +7 営業日以内) のいずれかが認められています。業務サイクル方式による場合には、電子取引情報の受取りからタイムスタンプを付すまでの事務処理に関する規程を定めていることが必要です。

❸の「電子取引データについて訂正又は削除を行った場合にその事実・内容を確認できる」システムとは、例えば電子取引データを直接訂正又は削除を行った場合に、訂正前又は削除前の内容がそのデータとは別のデータとして自動的に履歴として記録されるシステムを指します。「電子取引データについて訂正又は削除を行うことができない」システムとは、一度記録された電子取引データをシステム上物理的に訂正又は削除できない仕様とされているシステムが例として挙げられています（基本通達解説 7-4)。後述するクラウド会計では、外部の API 連携等で取得したデータの授受が、この要件を満たしています。

❹の「電子取引データについて正当な理由がない訂正及び削除の防止に関する事務処理の規程」（以下、「訂正削除の防止に関する事務処理規程」ともいいます）とは、例えば次に掲げる区分に応じ、項目が定められていなければならないとされています（取扱通達解

説7-5)。

●　自らの規程のみによって防止する場合 ・　データの訂正削除を原則禁止 ・　業務処理上の都合により、データを訂正又は削除する場合（例えば、取引相手からの依頼により、入力漏れとなった取引年月日を追記する等）の事務処理手続（訂正削除日、訂正削除理由、訂正削除内容、処理担当者の氏名の記録及び保存） ・　データ管理責任者及び処理責任者の明確化 ●　取引相手との契約によって防止する場合 ・　取引相手とデータ訂正等の防止に関する条項を含む契約を行うこと ・　事前に上記契約を行うこと ・　電子取引の種類を問わないこと

❹の措置で真実性を確保するのは、❶～❸のシステムに投資するのが難しいという小規模事業者が主となるでしょう。なお、クラウド会計を利用する場合も、一部の電子取引（メールで受け取った請求書データなど）については、この事務処理規程での対応となることが多いでしょう。

③ 紙保存の原則廃止

2022年1月の改正により、電子取引を紙に出力して保存することを認めるルールが原則廃止され、電子取引は要件を満たした上で、データで保存することが義務付けられました。

とはいえ、仮に電子取引のデータを紙保存していた場合であっても、その事実だけをもって青色申告の承認が取り消されたり、金銭の支出がなかったものと判断されたりするわけではありません。違反の程度等を総合勘案の上、青色申告の適正性が判定されます。

なおこのデータ保存義務には宥恕措置があり、2023年12月31日まで、データ保存要件への対応が困難な事業者については引き続き出力書面等による保存を認めています。そのための事前申請などの手続は特に必要ありません（なお、2023年度（令和5年度）税制改正により、2024年1月1日以降に保存が行われる電子取引から、保存要件に従って保存することができなかった相当な理由があると認められる事業者は、電子取引の出力書面の提示又は提出に応じることができるようにしておけば保存要件を満たすことができる恒久的な猶予措置が創設される予定です）。

このように、電子取引は原則紙保存廃止とされつつも、猶予は認められている状況です。とはいえ、これをもって電子取引を行わないことや、電子取引を紙に印刷することは、業務効率化の観点から問題があるため、猶予にかかわらず電子取引保存を進めていった方がよいでしょう。

④ 電子取引保存のペナルティ

スキャナ保存と同様、税務調査時にデータ改ざんによる故意の不正があった場合、通常の重加算税35％に10％が加重されます（電帳法8⑤）。

⑤ 電子取引と消費税の仕入税額控除

電子取引を行った場合には、原本である紙が一切発行されないため、「請求書等の交付を受けなかったことにつきやむを得ない理由がある場合」に該当し、一定の事項を記載した帳簿の保存のみをもって消費税の仕入税額控除が認められます（消法30⑦、消令49①二）。ただし、電子帳簿保存法上、電子取引は消費税の有無にかかわらずデータ保存が必要なので、いずれにしても電子取引をデータで保存する措置は必要です。

なお、電子帳簿保存法上は、2024年1月以降は電子取引を書面として印刷することは原則禁止されますが、消費税法上はデータを書面に出力して保存することも認められています。これは、国税庁が、所得税・法人税と違って消費税はその保存の有無が税額計算に影響を及ぼすことなどを考慮したためです。

とはいえ、データと書面を同時に残すと混乱を招きますし、業務上非効率ですので、いまのうちから要件を満たした上で、電子取引はすべてデータで保存すると決めた方が良いでしょう。インボイス制度が始まった後も、インボイスを電子でやりとりした場合には、電子取引と同様の保存要件を満たす必要があります（電子取引と消費税の仕入税額控除については後述します）。

コラム

スキャナ保存と電子取引保存、どちらが重要？

電子帳簿保存法に対応するにあたり、スキャナ保存、電子取引保存を行うための様々なサービスが提供されています。

およそスキャナ保存に対応するサービスが多い印象です。OCR（光学文字認識）や AI などで印刷物の文字を読み取る、といったサービスですね。

こういった状況に反して、「進めるべきは電子取引対応」と筆者は理解しています。会社全体の業務効率化を目指すならば、「はじめからデータで取引する」ことが肝心です。スキャナ保存はあくまで紙を前提としており、紙をデータ化するだけなのでいままでと本質的に変わりません。むしろ、紙をスキャンするという手間が新たに生じるため、効率化としてはいまひとつでしょう。

政府が 2022 年 1 月から電子取引の紙保存を原則廃止する税制改正を打ち出したのも、電子取引への移行を強く促す考えの表れと筆者は考えています。2023 年 10 月 1 日から始まるインボイス制度についても、しきりと電子インボイスへの導入を促す動きが出ています。

したがって、事業者としてできることはなるべくすべての取引を電子取引に移行し、どうしても移行できないものについてスキャナ保存で対応する、という位置付けが望ましいでしょう。

第８節
事務処理規程等

① 事務処理規程等に記載するべき事項

電子帳簿保存法に対応するためには、帳簿書類の電子保存、スキャナ保存、電子取引の保存について各事務処理を定めた規程等を準備しなければなりません。具体的には、下記の事項を盛り込む必要があります。

- 全体運用
  - 目　　的
  - 運用体制
  - 保存期間
  - 電子保存を開始する日
- 電子帳簿保存
  - 入力担当者
  - 仕訳データの入出力処理の手順
  - 仕訳データの入力内容の確認方法
  - 管理責任者の確認
  - 管理責任者の確認後の訂正又は削除の処理
  - 訂正又は削除記録の保存
- 決算書・自社発行取引書類の控え保存

・　処理手順
・　保存対象
- スキャナ保存
  ・　対象書類・保存までの時期
  ・　保存の手順
  ・　見読性の確保
  ・　電子化に利用するデバイス
- 電子取引データ保存
  ・　電子取引の範囲と対象データ
  ・　訂正削除の原則禁止
  ・　訂正削除を行う場合の手順

② 事務処理規程等のフォーマット例

国税庁 HP では、以下の事務処理規程等のフォーマット例を公表しています。自社の状況に合わせて、アレンジするとよいでしょう（69 頁以下は、著者が一部アレンジを加えた例です）。

(1)　国税関係帳簿書類に係る電子計算機処理に関する事務処理手続を明らかにした書類

帳簿書類の電子保存の要件の 1 つである、「システムのマニュアル等の備付け」のうち、「帳簿書類データの備付け及び保存に関する事務手続を明らかにした書類」のフォーマットです。仕訳データの入力を誰がいつ行うのか、訂正削除をどのように行うのか、などを明らかにしておく必要があります。

国税関係書類に係る電子計算機処理に関する事務の
手続を明らかにした書類

I　電子帳簿保存

（入力担当者）

1　仕訳データ入出力の手続を経て承認された証憑書類に基づき、入力担当者が行う。

（仕訳データの入出力処理の手順）

2　入力担当者は、次の期日までに仕訳データの入力を行う。

> 会社の実態に合わせて期日を決めます。

⑴　現金、預金、手形に関するもの　取引日の翌日（営業日）

⑵　売掛金に関するもの　請求書の発行日の翌日（営業日）

⑶　仕入、外注費に関するもの　検収日の翌日（営業日）

⑷　その他の勘定科目に関するもの　取引に関する書類を確認してから1週間以内

（仕訳データの入力内容の確認）

3　入力担当者は、仕訳データを入力した日に入力内容の確認を行い、入力誤りがある場合は、これを速やかに訂正する。

（管理責任者の確認）

4　入力担当者は、業務終了時に入力データに関するデータをサーバーに転送する。管理責任者はこのデータの確認を速やかに行う。

> クラウド会計を使っている場合には自動的にクラウドサーバー上に保存されるため、この記述は必要ありません。

（管理責任者の確認後の訂正又は削除の処理）

5　管理責任者の確認後、仕訳データに誤り等を発見した場合には、入力担当者は、管理責任者の承認を得た上でその訂正又は削除の処理を行う。

（訂正又は削除記録の保存）

6　5の場合は、管理責任者は訂正又は削除の処理を承認した旨の記録を残す。

Ⅱ　決算書・自社発行取引書類の控え保存

（処理手順）

1　「Ⅰ 電子帳簿保存」に定める処理手順を準用する。

（保存対象）

2　電子で保存する対象書類は以下とする。

・　○○で作成する決算関係書類

・　自社が○○で作成し、紙で発行した取引書類

○○には自社が使っている会計ソフト名を記載します。紙で発行した取引書類とは、具体的にはシステムを使って作成し、紙に印刷して発送する請求書、納品書等が該当します。

(2) スキャナによる電子化保存規程

スキャナによる電子化保存規程

第1章　総則

（目的）

第1条　この規程は、紙による国税関係書類について、××社製●●システム（以下「本システム」という。）を活用して、スキャナによる電子化を安全かつ合理的に図るための事項を定め、適正に利用・保存することを目的とする。

スキャナ保存に利用するシステム名を記載します。

（定義）

第2条　この規程において、次の各号に掲げる用語の意義は、当該各号に定めるところによる。

一　電子化文書　紙文書を電子化した文書をいう。

二　管理責任者　本システムを円滑に運用するための責任者をいう。

三　真実性を確保するための機能　電子化文書の故意又は過失による虚偽入力、書換え、消去及び混同を未然に防止し、かつ、改ざん等の事実の有無が検証できる機能をいう。

四　機密性を確保するための機能　電子化文書へのアクセスを制限すること、アクセス履歴を記録すること等により、アクセスを許されない者からの電子化文書へのアクセスを防止し、電子化文書の盗難、漏えい、盗み見等を未然に防止する形態で保存・管理される機能をいう。

五　見読性を確保するための機能　電子化文書の内容を必要に応じ電子計算機その他の機器を用いて検索し、画面又は書面に直ちに出力できるよう措置される機能をいう。

（運用体制）

第３条　本システムの運用に当たっては、管理責任者及び作業担当者を置くものとし、事務分掌細則によりこれを定める。

スキャナ保存を行う担当部署、担当者名などを別途細則で定める場合に記載します。

２　管理責任者は、電子化文書を作成する作業担当者を管理し、電子化文書が法令等の定めに則って効率よく作成されることに責任を持つ。

３　管理責任者は、電子化文書の作成を外部委託する場合、外部委託業者が電子化文書作成に必要な法令等の知識と技能を持つことを確認し、これを条件に業務を委託することができる。

具体的には、記帳代行会社又は税理士事務所に記帳を依頼する場合が考えられます。

（利用者の責務）

第４条　本システムの利用者は以下の責務を負う。

一　自身のＩＤやパスワードを管理し、これを他人に利用させない。

二　本システムの情報の参照や入力（以下「アクセス」という。）に際して、ＩＤやパスワードによって、本システムに利用者自身を認識させる。
三　与えられたアクセス権限を越えた操作を行わない。
四　参照した情報を目的外に利用しない。
五　顧客及び関係者のプライバシーを侵害しない。

第２章　対象書類及び入力の時期

（対象書類）
第５条　スキャナにより電子化する書類は、次の各号に定めるところによる。
一　請求書
二　納品書
三　見積書（控）
四　注文書
２　前項第３号及び第４号に定める書類は、これらを併せて、以下「一般書類」という。
（入力の時期）
第６条　第５条各号に定める書類については、書類を取得後、次の時期に入力する。
一　請求書　速やか（おおむね７営業日以内）に入力
二　納品書　毎月末までに受領したものを、翌々月７日までに入力
三　見積書（控）　１月から６月までに発行したものは８月末までに、７月から１２月までに発行したものは翌年２月末までに入力
四　注文書　１月から６月までに受領したものは８月末までに、７月から１２月までに受領したものは翌年２月末までに入力

その他、会社によってスキャナ保存が必要な書類があれば追加します。

具体的には見積書や注文書など、お金の流れと直結しない書類を指します。

請求書、納品書などお金に直結する「重要書類」は、最長2か月と概ね7日営業日以内に定めておくことも可能です。
重要書類以外の「一般書類」はいつでも入力が可能ですが、定めておいた方が業務がスムーズに進むでしょう。

「入力」とは、領収書を受領してスキャンし、タイムスタンプを付与する（又は訂正削除システムに保存する）ことを指します。

第３章　機能要件

（管理機能等）

第７条　本システムによる電子化文書の作成及び管理機能は、次に定めるところによる。

一　データフォーマット　電子化文書のデータフォーマットは、ＢＭＰ、ＴＩＦＦ、ＰＤＦ又はＪＰＥＧとする。

二　階調性の確保　画像の階調性を損なうような画像補正は行わない。

三　画像品質の確保　電子化文書の画像は、第10条で定めるところにより確認できること。

四　両面スキャン　電子化文書の作成に当たっては、原則として、両面をスキャンする。ただし、裏面に記載のないものなどについては、この限りではない。

２　真実性を確保するための機能は、次に定めるところによる。

一　タイムスタンプ　●●株式会社のタイムスタンプサービスを利用し、電子化文書には第６条各号に定める時期までにタイムスタンプを付与し、当該電子化文書の作成時期の証明及び改ざん等の事実の有無を検証できるようにする。なお、課税期間中の任意の期間を指定して当該期間内に付与したタイムスタンプについて、一括して検証できるようにする。

タイムスタンプを提供する会社名を記載します。
なお、タイムスタンプの代替要件である「訂正削除システム」を利用する場合には、その旨を記載します。

二　解像度等の情報の保存　電子化文書作成時の解像度、階調及び元の紙文書の大きさに関する情報を保存する。ただし、一般書類については、紙文書の大きさに関する情報を保存する必要はない。

三　ヴァージョン管理　記録した電子化文書のヴァージョン管理を行うに当たり、当初に記録した電子化文書を第１版とし、その後に訂正又は削除が行われても第１版の内容を保持する。

３　機密性を確保するための機能は、次に定めるところによる。

> 具体的には、従業員ごとに権限（すべての権限、登録のみ、閲覧のみなど）を与える方法が考えられます。

一　アクセス管理　情報の利用範囲、更新履歴、機密度等に応じた管理区分を設定するとともに、情報にアクセスしようとする者を識別し認証できること。

二　不正アクセスの排除　不正なアクセスを排除できること。

三　利用ログ管理　本システムの管理責任者は、ログの情報等を利用して不正なアクセスの防止をすることとする。

４　見読性を確保するための機能は、次に定めるところによる。

一　検索機能　記録されている電子化文書に検索のために必要な情報（検索項目）を付加し、かつ、その検索項目を活用して該当する電子化文書を抽出できること。

二　検索項目設定機能　検索項目に、ｉ）取引日付、ⅱ）取引金額、ⅲ）取引先名称が設定でき、日付又は金額の項目は範囲指定を可能とし、任意の２項目以上の検索項目を組み合わせて検索できること。

> 税務調査時にデータダウンロードの求めに応じる場合には、範囲指定と任意の2項目以上の検索項目を組み合わせて検索できる機能は不要です。

三　帳簿との関連性を確保する機能　電子化文書には、管理用通番として伝票番号を付し、帳簿に記載される内容と関連付けを行う。

> クラウド会計を利用する場合には、証憑添付機能等によって関連づけを行うことを記載します。

四　整然とした形式で速やかに紙出力する機能　記録されている電子化文書及びログ等の管理情報をデータフォーマットの種類にかかわらずディスプレイやプリンタに整然とした形式で国税関係書類と同程度の明瞭さを確保しつつ速やかに出力することができること。

五　４ポイント文字が認識できる機能　本システムはJISX6933又はISO12653-3テストチャートの４ポイント文字が認識でき、電子化文書を拡大縮小表示できること。

第４章　機器の管理と運用

（機器の管理）

第８条　本システムの機器の管理及び運用に関する基準を遵守する。

2　電子化文書の情報が十分に保護されるように記録媒体の二重化、バックアップの採取等を行う。また、品質劣化が予想される記録媒体については定期的に記録媒体の移し替え等を行う。

クラウド会計を利用する場合には、スキャンデータはクラウド上で保存されるため基本的にこの記載は不要です。

3　外部ネットワーク接続により、不正アクセスによる被害やウイルスによる被害が発生しないように対策を施す。

（入力装置の設定）

第９条　入力装置の設定は、次に定めるところによる。ただし、一般書類に係る階調はグレースケールとしてもこれを認める。

一　解像度　200ｄｐｉ以上とする。

二　階調　電子化文書は赤、緑、青の各色256階調（24ビット/ピクセル）とする。

（出力装置の設定）

第10条　出力装置の設定は、次の各号に定めるところによる。ただし、一般書類については、第２号及び第３号の階調及び印刷装置をグレースケール以上の能力を持つ表示装置及びプリントできる印刷装置としてもこれを認める。

一　表示装置のサイズ　14インチ以上の表示装置と

する。

二　表示装置の階調　赤、緑、青の各色256階調（24ビット/ピクセル）以上の能力を持つ表示装置とする。

三　印刷装置の解像度及び階調　印刷装置はカラープリントできるものとする。

第5章　スキャニングの手順等

（書類の受領）

第11条　取引先から請求書を受領した営業責任者は、納品書及び検収報告書との照合を行い内容に誤りがないことを確認した後に、請求書を経理責任者に引き継ぐ。

2　取引先から納品書を受領した営業責任者は、注文書（控）及び納品された現物を確認した後に、納品書を経理責任者に引き継ぐ。

3　見積書を作成した営業責任者は、その控えを経理責任者に引き継ぐ。

4　取引先から注文書を受領した営業責任者は、出荷指示書を作成し、商品を出荷した後に、注文書及び出荷指示書を経理責任者へ引き継ぐ。

（仕訳伝票等の整理）

第12条　経理責任者は、回付された請求書に基づき決済手続、仕訳伝票の整理、買掛帳の整理等を行った後に、作業担当者が請求書をスキャナ用ボックスに保管する。

2　作業担当者は、回付された納品書、見積書、注文書及び出荷指示書をそれぞれごとに分類し、スキャナ用ボックスに保管する。

（スキャニングの準備）

会社のワークフローに合わせて、書類の受領からスキャニングまでの業務手順を記載します。クラウド会計を利用する場合には、「営業責任者が領収書等を受領→アプリを使ってスマートフォンで撮影の上アップロード→経理が確認」という流れなので、シンプルなワークフローになります。
その他、
・スキャニングの際の注意点（電子化したファイルが紙と同等の可視性を確保できているかなど）
・入力期限を過ぎてしまった場合の対応方法
・撮影の単位なども定めておくとよいでしょう。

第13条　作業担当者は、次の期日までにホチキス留めをはずし、折りたたみを広げスキャニングの準備を行う。

一　請求書　請求書受領後、5日以内

二　納品書　毎月末

三　見積書（控）　1月から6月までに発行したものは7月末、7月から12月までに発行したものは翌年1月末

四　注文書　1月から6月までに受領したものは7月末、7月から12月までに受領したものは翌年1月末

2　作業担当者は、スキャニングする書類について、前項各号ごとに枚数及び対象年月を確認し、これを入力区分票に記載する。

（スキャニング処理）

第14条　作業担当者は、本システムを活用し、スキャニング処理を実施する。なお、帳票ごとに1ファイルにするとともに、裏面のスキャナ漏れがないよう留意する。

2　作業担当者は、スキャン枚数及びスキャン画像を目視にて確認する。

3　作業担当者は、正確にスキャニングされていることを確認した後に、画像（電子化文書）及びCSV（検索項目）をサーバに転送し、管理責任者にこれを引き継ぐ。

4　管理責任者は電子化文書の確認を速やかに行う。

5　管理責任者は、第7条第2項第1号に定めるタイムスタンプを付与し、本システムに登録する。

（電子化文書の保存）

第15条　本システムにより電子化されたデータは、国税に関する法律の規定により保存しなければならな

具体的には、その事業年度の確定申告の提出期限の翌日から7年間（青色申告法人で欠損金額が生じた事業年度においては10年間）となります。

いとされている期間まで保存する。

第６章　原本の廃棄等

（原本の廃棄）

第１６条　作業担当者は、スキャニング処理を了した原本について、管理責任者のチェックが完了するまでの間、一時保管する。

２　この管理責任者のチェックが完了した原本については、作業担当者が文書管理規程に基づき、これを廃棄し、その旨を管理責任者に連絡する。

３　管理責任者は、廃棄結果を記録する。

（電子化文書の消去）

第１７条　作業担当者は、保存期間が満了した電子化文書の一覧を作成し、管理責任者に連絡する。

２　管理責任者は、保存期間が満了した電子化文書の一覧を基に、該当するデータの消去を行い、消去結果を記録する。

附則

（施行）

第１８条　この規程は、令和○年○月○日から施行する。

スキャニングした文書は、いつでも廃棄することが可能です。受領者又はスキャニング担当者が原本と照合した後、又は経理担当者が照合した後に廃棄タイミングを定めてもよいでしょう。

スキャン文書は場所をとりませんので、必ずしも消去のルールを設けなくても構いません。

(3) 電子取引データの訂正及び削除の防止に関する事務処理規程（法人の例）

電子取引データの訂正及び削除の防止に関する
事務処理規程

第１章　総則

（目的）
第１条　この規程は、電子計算機を使用して作成する国税関係帳簿書類の保存方法の特例に関する法律第７条に定められた電子取引の取引情報に係る電磁的記録の保存義務を履行するため、電子取引の取引情報に係る電磁的記録を適正に保存するために必要な事項を定め、これに基づき保存することを目的とする。

（適用範囲）
第２条　この規程は、全ての役員及び従業員（契約社員、パートタイマー及び派遣社員を含む。以下同じ。）に対して適用する。

（管理責任者）
第３条　この規程の管理責任者は、●●とする。

第２章　電子取引データの取扱い

（電子取引の範囲）

> 利用している電子取引が他にもあれば、具体的に記載します。

第４条　当社における電子取引の範囲は以下に掲げる取引とする。
　一　ＥＤＩ取引
　二　電子メールを利用した請求書等の授受
　三　■■（クラウドサービス）を利用した請求書等の授受

四　……

（取引データの保存）

第５条　取引先から受領した取引関係情報及び取引相手に提供した取引関係情報のうち、第６条に定めるデータについては、保存サーバー内に△△年間保存する。

電子取引データについては場所をとらないため、保存期間は必須ではありません。

（対象となるデータ）

第６条　保存する取引関係情報は以下のとおりとする。

会社が取引先と交わす取引関係情報が他にもあれば、記載します。

一　見積依頼情報

二　見積回答情報

三　確定注文情報

四　注文請け情報

五　納品情報

六　支払情報

七　▲▲

（運用体制）

第７条　保存する取引関係情報の管理責任者及び処理責任者は以下のとおりとする。

一　管理責任者　〇〇部△△課　課長　ＸＸＸＸ

二　処理責任者　〇〇部△△課　係長　ＸＸＸＸ

（訂正削除の原則禁止）

第８条　保存する取引関係情報の内容について、訂正及び削除をすることは原則禁止とする。

（訂正削除を行う場合）

第９条　業務処理上やむを得ない理由によって保存する取引関係情報を訂正又は削除する場合は、処理責任者は「取引情報訂正・削除申請書」に以下の内容を記載の上、管理責任者へ提出すること。

クラウド会計で電子取引保存を行い、やむを得ず訂正削除を行う場合には、クラウド上で行うことが基本です。
例えばfreeeの場合には、一度アップロードしたファイルを改訂する場合には改訂理由を記載しなければならず、履歴も残ることになっています。利用しているシステムにおける改訂フローを記載しておくとよいでしょう。

一　申請日

二　取引伝票番号

三　取引件名

四　取引先名
五　訂正・削除日付
六　訂正・削除内容
七　訂正・削除理由
八　処理担当者名
2　管理責任者は、「取引情報訂正・削除申請書」の提出を受けた場合は、正当な理由があると認める場合のみ承認する。
3　管理責任者は、前項において承認した場合は、処理責任者に対して取引関係情報の訂正及び削除を指示する。
4　処理責任者は、取引関係情報の訂正及び削除を行った場合は、当該取引関係情報に訂正・削除履歴がある旨の情報を付すとともに「取引情報訂正・削除完了報告書」を作成し、当該報告書を管理責任者に提出する。
5　「取引情報訂正・削除申請書」及び「取引情報訂正・削除完了報告書」は、事後に訂正・削除履歴の確認作業が行えるよう整然とした形で、訂正及び削除の対象となった取引データの保存期間が満了するまで保存する。

附則

（施行）
第10条　この規程は、令和○年○月○日から施行する。

コラム

電子帳簿保存法対応に
コンサルタントは必要？

2022 年 1 月の電子帳簿保存法の大改正では、特に電子取引の紙保存の原則廃止が、すべての事業者に関係あることとして注目されました。実質 2 年間延長になりましたが、この間に事業者は何らかの対応策を考えていく必要があるといわれています。さらに、2023 年 10 月 1 日から始まるインボイス制度の電子化(電子インボイス)も検討していかなくてはなりません。

このような状況の中、電子帳簿保存法対応のコンサルティングを行う会社も、今後多数出てくることでしょう。はたして事業者は、同法対応にそのような外部のコンサルティングが必要となるのでしょうか。必ずしもそうとはいえないと考えます。同法対応を含め、会社の業務の効率化はその業務に精通する人がやらなければ、いくら外部のコンサルティングを頼っても、高価なシステムを導入しても、達成できないからです。

外部のコンサルタントは、システムや電子帳簿保存法の知識はあるかもしれませんが、その会社にとって本当にするべき業務改革はわかりません。外部からは見えないその会社の実情があるからです。したがって、電子帳簿保存法対応の主体は、その会社で業務に関わる人すべてということになります。

コンサルタントは適宜アドバイスを行うにとどめ、あくまで会社は自分たちで電子帳簿保存法対応を戦略的に行う術を考えなければなりません。特に指揮をとる経営者は、外部のコンサルタントに丸投げすることなく、周りを巻き込んで真剣に取り組むべきと考えています。

第2章

クラウド会計を活用した電子帳簿保存法対応

クラウド会計は電子帳簿保存法と相性が良く、うまく活用すれば法律の要件を満たしながら、業務効率化も進めることができます。この章では、クラウド会計の概要と、その活用法を具体的に解説します。

第１節 クラウド会計の概要

① クラウド会計とは

クラウド会計とは、インターネット上で動く会計システムのことです。以下のような特徴があります。

❖クラウド会計の特徴

- インストールが必要ない
- デバイス（PC、スマートフォンなど）を問わない
- OS（Windows、MacOS など）を問わない
- インターネット上で動く
- 銀行口座・クレジットカードと同期できる
- リアルタイムで複数人が数値を共有できる
- 会計業務だけでなく、請求業務・経費精算業務・給与計算業務と連動できる
- 買い切り型ではなく、定期購入型（サブスクリプション型）である

② クラウド会計の歴史

クラウド会計が登場する前までは、会計ソフトはPCにインストールして利用する、インストール型が主流でした。

1980年代はMS-DOSとMac用の会計ソフト、1990年代にはWindows用の会計ソフトが登場します。2000年代になるとインターネットが急速に普及し、クラウド上で動く会計ソフトが現れました。

その中でも認知度の高いソフトが、2013年にリリースされたfreeeとマネーフォワードクラウドです。外部の銀行口座やクレジットカードのデータと連携して仕訳を効率化させる発想が大きな反響を呼びました。また、サブスクリプション型で初心者でも利用しやすいため、これまで会計ソフトに大きな投資ができなかった個人事業主、中小企業も気軽に利用できることとなったのです。

クラウド会計は、機能の追加のスピードが非常に早いことも特徴です。本書のテーマである電子帳簿保存法は、クラウド会計との相性が良いこともあって、freeeとマネーフォワードクラウドはいち早く対応しました。2023年10月1日から始まるインボイス制度と電子インボイスにも、いち早く対応することが予想されます。

③ クラウド会計でできること

クラウド会計では、従来の会計ソフトと比較してできることが増えています。

(1) 同期によるデータ活用

一番の特徴が、外部との同期によるデータ活用です。銀行口座、クレジットカードの他 Amazon などの EC サイトのデータを同期し、勘定科目を推測し、半自動的に仕訳をすることができます。これまで「仕訳は経理が伝票を見ながら PC の前で 1 つひとつ入力する」のが当たり前でしたが、それが大きく変わりました。

(2) AI による自動仕訳・仕訳予測

freee とマネーフォワードクラウドは、AI による自動仕訳・仕訳予測機能がついています。

例えば、取り込んだデータの摘要に「テスウリョウ」と記録されていた場合、勘定科目を「支払手数料」に自動的に振り分けます。クラウド会計はデータを常に蓄積していくので、予測の精度が以前よりも向上しています。

(3) リアルタイムで情報共有

従来の会計ソフトではできなかったリアルタイムの情報共有が、クラウド会計では可能です。例えば、経費精算では、従業員が紙の経費精算書に領収書を添付して上司へ提出、上司が承認して経理へ提出、経理が会計ソフトに入力……といったワークフローが多いことでしょう。

一方、クラウド会計における経費精算は、従業員がクラウド会計に直接ログインし、レシートをスマートフォンで撮影・添付の上、クラウド上で申請することができます。承認されたデータは半自動的に仕訳され、経理とリアルタイムで共有することになるため、あらためて経理が仕訳を入力する必要はありません。

リアルタイムでの情報共有は、外部の税理士などとも可能です。例えば freee には、取引にコメントを残す機能があります。リアルタイムでチェックを行うことにより、双方の負担が少なくなるでしょう。

(4) 経理以外の業務とも連動

従来の会計ソフトは「経理が使うもの」というイメージがありました。

一方、クラウド会計は、経理だけでなく会社全体の活動をデータ中心に処理し、数字に落とし込む、というイメージです。

したがって、試算表・決算書作成など従来の会計機能に加えて、以下の機能も組み込まれています。

❖クラウド会計の機能例

- 契約業務
- 受発注業務
- 見積書・納品書・請求書作成
- 経費精算
- 給与計算
- 社会保険手続
- 年末調整・法定調書手続

そしてこれらの機能は、「取引をした人」が操作することが前提です。つまり、経理が書類を他部署から集めて入力するのではなく、取引をした人が直接データに反映させるのです。このように、クラウド会計では取引に関わる人すべてが数値を作っていく必要があります。

したがって単なる部分最適化にとどまらず、会社全体の最適化を目指すことが、クラウド会計の導入では必要です。「ソフトを導入して終わり」ではなく、電子帳簿保存法対応に適切に対応し、社内全体の業務効率化を達成することをイメージした上で導入する必要があります。

(5) クラウド会計と電子帳簿保存法

前述したとおり、クラウド会計と電子帳簿保存法の相性は良く、検討に値します。2020 年度（令和 2 年度）の改正は、外部からデータを訂正削除システムに授受・保存して電子保存の要件を満たすという、クラウド会計を想定したものとなっていたからです。2021 年度の改正（令和 3 年度税制改正）でも、スキャナ保存のタイムスタンプ付与の代替要件として「訂正削除システムへの保存」が認められています。電子帳簿保存法は、クラウド会計のようなクラウド上で動くソフトを前提としたものへと変容してきている、ということです。

本書で紹介する freee とマネーフォワードクラウドは、電子帳簿保存法にほぼ対応しています。電子帳簿保存法対応に力を入れ、デジタル化を進めていくのであれば、積極的な対応をしているクラウド会計を選択することが効率的です。

④ クラウド会計のメリット

(1) 中小企業が導入しやすい

まず、中小企業が導入しやすいということが挙げられるでしょう。クラウド会計であれば、最初に大きな投資資金が必要なく、月額課金でコストを抑えて導入することができます。お試し期間が設けられているものがほとんどですので、少し使ってみて合わなかったら導入をやめることもできます。

(2) データ活用による業務効率化が可能

メリットの２つめは、データ活用による業務効率化です。銀行口座やクレジットカードを同期することによって、そのデータを半自動的に仕訳にすることができます。また、金融機関だけでなくECサイトや電子マネーなど、幅広く同期することができます。さらに、前述のとおり契約書作成、請求書作成、経費精算、給与計算などにも対応しているため、経理だけでなく会社全体でデジタル化を進め、業務効率化を図ることができます。

(3) 最新の法改正に対応

クラウド会計は、最新の法改正に対応しています。買い切りのソフトと違って、税制改正等があるたびに保守が必要にはならない点も、大きなメリットです。

(4) サポート体制が充実

クラウド会計はサポート体制が充実している点もメリットです。ヘルプページの他、(契約のプランにもよりますが）チャットサポート、メールサポート、電話サポートなどを利用できます。

⑤ クラウド会計のデメリット

クラウド会計にはデメリットもあります。

(1) コストが割高になる可能性がある

１つめは、支払方法がサブスクリプション（月額又は年額課金）であるため、使い続ける限りコストがかかるということです。

また、経費精算や給料計算などは利用人数で課金されることが多いため、規模の大きな会社が利用する場合、割高となる可能性があります。

(2) インターネット環境が必須

2つめは、利用するためにはインターネット環境が必須ということです。クラウド会計が契約しているサーバー運営会社がなんらかの原因でダウンした場合、システムが利用できなくなるリスクがあります。とはいえ、このようなケースは非常に稀であり、クラウド以外のシステムでもサーバーダウンなどが考えられるため、大きなデメリットとまではいえないかもしれません。

(3) 業務フローの改革が必要

3つめは、業務フローの改革が必要という点です。クラウド会計は、カスタマイズがある程度できますが、基本的には汎用性の高いシステムです。したがって、システムを導入して使いこなすためには、システムに合わせて社内の業務フローを改革する必要があるのです。特に経理だけでなく社内全体にクラウド会計を活用していくのであれば、業務フローの改革は必須です。「これまでとやり方を変えたくない」という人にとっては、デメリットです。

⑥ クラウド会計を使う上での注意点

クラウド会計を使う上では、いくつか注意点があります。

(1) ペーパーレスが前提

クラウド会計を使う場合、まず前提にしたいのが「ペーパーレス」です。紙を一切使わない、と聞いてかなりハードルが高いと感じるかもしれませんが、前述したとおり2022年1月以降要件が大きく緩和され、それが不可能ではなくなりました。特にクラウド会計を最大限活用するためには、紙を一切使わない電子取引を基本とし、紙を使うことは限定的に捉えることが大切です。

(2) キャッシュレスが前提

ペーパーレスと並んで前提となるのが、キャッシュレスです。

そもそも、クラウド会計はデータを活用して取引を登録し、数字を作り出す設計となっており、現金取引を前提としていません。現金取引はどうやってもデータ化できないからです。もし現金取引をそのままクラウド会計に反映させようとしたら、手入力をするか、Excelに入力してアップロードするしかありません。クラウド会計を活用した電子帳簿保存法対応を目指すのであれば、現金取引は極力なくしていかなければなりません。

(3) 全社のワークフローを見直す

「会計ソフトを変える」となると、経理だけの問題と思えるかもしれません。しかし、前述のとおりクラウド会計は部分最適ではなく全体最適に向いており、周辺業務も連携することによって大きな効果を得られます。したがって、経理だけでなく他部門のワークフローも見直すことが大切です。

例えば、経費精算を考えます。紙ベースでのワークフローの場合、従業員は経費精算書を作成し、領収書を添付して経理へ提出する流れが主流でしょう。これをクラウド会計に移行した場合、従業員はスマートフォンで領収書を撮影し、適当な勘定科目を入力してクラウド上で上司に送信することになります。この際、スキャナ保存の要件を満たすための撮影の仕方、勘定科目の設定、摘要欄の記入方法などを事前に周知しておく必要があります。そして、あくまで数値を作るのは取引をしたその人であることを認識させるため、経理は内容のチェックにて間違いがみつかった際は、その場で修正するのではなく、本人に差し戻すことが大切です。

　このように、クラウド会計を導入する際は他部門を巻き込んでワークフローの検討をするべきです。これをしないままソフトだけ導入し、従業員・経理の負担がむしろ増えた、という事態は避けたいものです。

(4) 人の入力をなるべく少なくする

　従来の会計ソフトは、経理担当者がデータを入力するイメージが強いでしょう。一方、クラウド会計では、会社の事業活動のデータ（銀行口座等の連携データ、経費精算データ、給与計算データなど）を活用して「人をなるべく介在させない」ことが前提です。

　したがって、経理担当者は例外的な状況（決算整理など）を除き、極力クラウド会計への入力を避けなければなりません。入力を基本的にしないためには、データの活用が欠かせませんので、人の手をなるべく通さないワークフローで決算書が完成できる状態を目指すのがポイントです。

(5) 記帳代行には向いていない

　クラウド会計のメリットとして、データを活用して経理を効率化させることがありました。このデータは、リアルタイムで入手できるものです。すなわち、取引を行った人自身が仕訳登録をすることが前提のものであり、外部の税理士が書類を預かって記帳代行をするには向いていません。むしろ、クラウド会計を中途半端に利用することによって、双方が疲弊する場合すらあります。

　税理士等の専門家が記帳代行をするのであれば、クラウド会計ではなく入力を主体とした会計ソフトを選んだ方がよいでしょう。

(6) まとめて処理することに向いていない

前述のとおり、クラウド会計は「リアルタイムで情報共有」をします。銀行やクレジットカードなどのデータはリアルタイムで同期されるため、日次で数字を確認することが可能です。また、請求書発行や経費精算、給与計算などの機能も活かすことでデータをそのまま半自動的に仕訳に反映させることも可能です。このメリットを活かすためには、「取引発生時＝即仕訳」としてリアルタイム処理を目指したいところです。

そのためには、しっかり期日を決めた上で担当者に業務を任せることです。例えば経費精算であれば、従業員が領収書をずっと手元に置いたままでは、そのデータをいつまでも数字に反映させることができません。期日を決めてアップロードしてもらうなどの対応が必要です。データは蓄積せず、即ワークフローに流すことが、クラウド会計を活用するコツの１つです。

コラム

クラウド会計は初心者向け？

クラウド会計の売り文句として、

「初心者でもOK！」

「簿記や経理の知識がない方でも使えます」

というものがあります。

このような文言は、一部はあたっていて一部はあたっていないと感じています。

たしかに、これまでの会計ソフトと比べて難しい簿記や経理用語が少なく、１から仕訳を登録しないで済む点で、初心者にやさしいといえるでしょう。

とはいえ、それで正しい経理ができるかというと、それは別の問題です。それらしい決算書を作成することはできますが、その中身が正しいかを確認できる簿記・経理の知識がないと、間違った決算申告を行ってしまう可能性が高いです。

なおかつ、クラウド会計の場合にはワークフローとシステムの理解が必須です。具体的には、どこのデータを動かすとどこのデータに繋がるか、といった全体設計の理解です。これが理解できていないと操作を誤り、二重計上や計上漏れといったミスが起きます。データを仕訳や決算書に活かすにあたっては、いかに間に いる人を排除するかが重要です。この考え方の根底として「ワークフローとシステムの理解」が必須なのです。

このように、クラウド会計はとっつきやすくはあるものの、「できあがった数字をチェックする能力」「ワークフローとシステムの理解能力」の２つが求められる点で、ある意味初心者向けではないと考えています。導入する際は、ワークフローとシステムの全体設計、そして簿記・経理・税務の知識がある者のチェック体制の両方を整備していくことが欠かせません。

第2節
クラウド会計を使った電子帳簿保存法対応

以下では、クラウド会計を使って具体的にどのように電子帳簿保存法に対応していくのか、以下の業務の実例で説明します。

- クラウド会計を使った帳簿の電子保存
- クラウド会計を使った書類の電子保存（請求書作成、決算書類作成）
- クラウド会計を使ったスキャナ保存（経費精算）
- クラウド会計を使った電子取引保存（パターン別）

① クラウド会計を使った帳簿の電子保存

(1) クラウド会計の帳簿の電子保存対応状況

2022年1月施行の改正を受けて、各クラウド会計も電子帳簿保存法に対応した仕様へと変化しています。

ここからは、利用者数の多いクラウド会計のfreeeとマネーフォワードクラウドの電子帳簿保存対応状況を確認し、実際の活用の具体例を挙げて説明します。

(2) 優良電子帳簿の電子保存

2022年12月現在、クラウド会計のうちfreeeは優良電子帳簿対応可能で、マネーフォワードクラウドは未対応です。今後、他のクラウド会計ソフトの中にも優良電子帳簿に対応したものが多くリリースされてくるでしょう。

(3) その他の電子帳簿の保存

2022 年 12 月現在、クラウド会計の freee とマネーフォワードクラウドは、優良電子帳簿以外のその他の電子帳簿の保存の要件を満たします。したがって、新たに開始する事業年度よりクラウド会計を利用すれば、その他の電子帳簿として保存することが可能です。

電子帳簿の保存は日々発生するものではなく年に 1 度のものですので、まずはその他の電子帳簿として保存できるだけで十分でしょう。システムの対応状況を見て、過少申告加算税の軽減の特典がある優良電子帳簿への切り替えを検討していけばよいでしょう。

② freee による電子帳簿保存の例

ここでは、freee を使った優良電子帳簿以外のその他の電子帳簿保存の具体例を説明します。

freee には、「レポート」メニューから各帳簿をデータとして保存することができます。

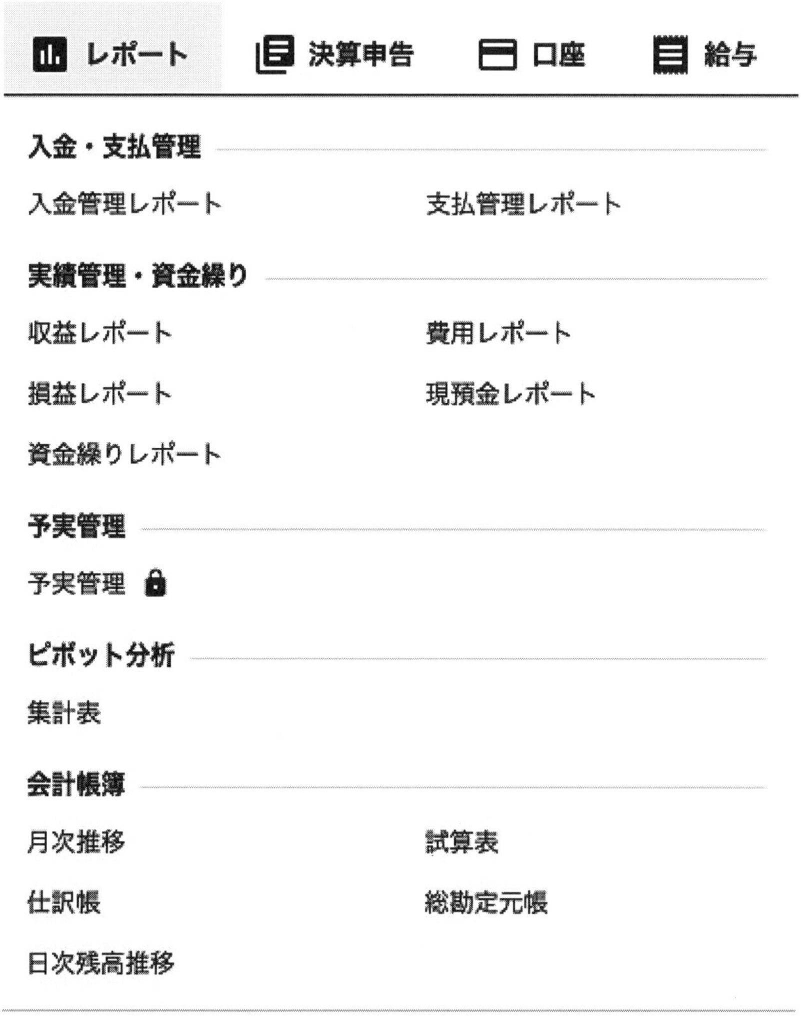

〔freee 会計（PC 版）〕

このうち、通常青色申告法人が保存する必要がある帳簿は以下です。

- 仕　訳　帳……すべての取引を複式簿記形式で出力できるレポート
- 総勘定元帳……勘定科目ごとにすべての取引を出力するレポート

これら帳簿の他に、固定資産台帳など、会社が作成している帳簿の保存もします。

月次又は年次において、これらのデータをダウンロードして、社内のサーバーや外部のクラウドストレージ等に保存します。なお、保存媒体は特に指定されていないので、ダウンロードせずに外部のストレージである freee のストレージ内に保存しておくことも可能と考えられます。ただ、サーバーダウン等のリスクを考えると、バックアップとしてダウンロードして自社のサーバー内でも保存しておくことが望ましいでしょう。

ダウンロードした帳簿データは、

- システムのマニュアル等の備付け
- 見読可能性の確保
- ダウンロードの求めに応じること

の要件を満たすことが必要です。特に、入力、保存、「訂正削除の事務処理手続を明らかにした書類」を作成しておくことが重要です。管理責任者を定めた上で、帳簿データを適正に管理・保管する必要があります。トラブルを未然に防ぐため、データへのアクセス権限を定めておくことも有用でしょう。freee には事務処理手続の書類のフォーマットが準備されているので、そちらをカスタマイズすると便利です。

③ クラウド会計を使った書類の電子保存

(1) クラウド会計を使った書類の電子保存の対応状況

ここでいう「書類の電子保存」は、自社が一貫してシステムを利用して作成した決算関係書類や取引関係書類の電子保存を認めるものです。2022 年 12 月現在、freee とマネーフォワードクラウドはいずれも書類の電子保存に対応しています。

書類の電子保存の具体的な利用方法としては、クラウド会計上で発行する見積書、請求書、納品書等や決算関係書類の保存が該当します。クラウド会計を使ってどのように書類の電子保存の要件を満たすのか、ソフトの実例を踏まえて説明します。

(2) クラウド会計を使った請求書の作成・保存

請求書作成はどの会社でも必要なことです。したがって、電子帳簿保存法に対応し、ペーパーレス化を実現できれば、業務は飛躍的に効率化するでしょう。理想はすべてデータで行う電子取引への一本化ですが、取引先が電子取引に対応することが難しい場合、まずは自社が作成する請求書の控えから電子帳簿保存法対応を始めることがお勧めです。前述したとおり、税務署への申請も必要ないので、いつからでも始められます。

多くのクラウド会計には、請求書作成機能がついています。

例えば freee の場合、見積書・納品書を作成しそのデータを請求書に紐づけて作成することができます。作成した請求書のデータは、クラウド上で共有・PDF でメール添付・印刷、郵送のいずれかの方法で取引先に送付（共有）することになります。

❖クラウド会計を使った請求書の作成・保存

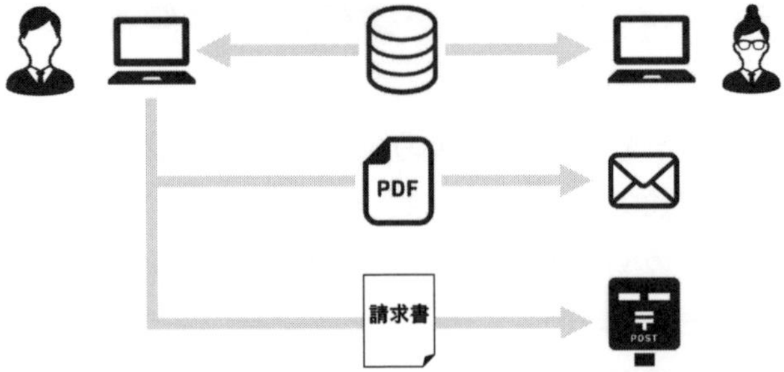

クラウド会計で請求書を作成し、紙で送付した場合の控えデータ保存について、電子帳簿保存法の対応を考えてみましょう。

書類の電子保存の要件は、システムのマニュアル等の備付け、見読可能性の確保、ダウンロードの求めに応じること（又は検索機能の確保）があります。システムのマニュアル等の備付けは帳簿と同様、フォーマットが freee に準備されているので、そちらを利用すると便利です。見読可能性については、最新の PC とモニターがあれば問題となることはないでしょう。したがって、電子帳簿保存法対応として考えなければならないのは、ダウンロードの求めに応じること（又は検索機能の確保）です。

④ freee による請求書作成の例

ここでは、freee 会計の請求書機能で請求書を作成し、紙で送付する場合の書類の電子保存を実例で説明します。

(1) 請求書は取引（仕訳）とリンクされる

freee の特徴は、データがすべて自動連携されるという点です。

例えば、見積書を作成した場合にはそのデータに紐づけて、請求書をそのまま作成することができます。

また、請求書を作成することによって自動的に売上計上の仕訳（未決済売上）が登録されます。請求書と取引はリンクしており、双方からアクセスすることができます。勘定科目や金額を変更する場合には、必ず請求書から変更しなければならない仕様になっています。つまり、取引（仕訳）を訂正するためには請求書まで遡って訂正しなければならないということです。経理だけで取引（仕訳）を訂正できず、請求書を発行した取引担当者が請求書を訂正するという仕様が、データの統制上非常に有効です。

〔freee 会計の請求書作成画面を一部加工〕

〔freee 会計の取引の画面を一部加工〕

(2) 請求書の共有方法を選べる

freee 会計では、請求書を取引先と共有するときに、

❶ Web 共有
❷ メール添付（PDF）
❸ 郵送代行

の 3 つの方法から選ぶことができます。

❶ Web 共有と❷メール添付（PDF）は電子取引となり、❸郵送代行が書類の電子保存の対象となります。郵送代行を選択すると、郵送代行業者が指定した住所宛に請求書を封筒に入れて郵送してくれます。

(3) 請求書の電子保存

請求書を作成すると、一覧として freee 上に保存することができます。

取引作成　PDF出力　取引先に送付　送付済みにする　削除　0件の請求書を選択中

□	取引先 ∧∨	ステータス	取引・入金状況	請求日 ∧∨	期日 ∧∨	金額 ∧∨	見積書	納品書	請求書
□	いづみ企画	下書き	取引未作成	2021-09-07		46,440			demo-3
□	Kデザインオフィス	送付済み	入金済み	2021-08-10	✔ 2021-09-04	90,785			demo-2
□	株式会社ステイゴールド	[illegible]	入金待ち	2021-08-01	⊙	52,500			1
□	エムテック株式会社	[illegible]	入金済み	2021-07-26	✔ 2021-09-04	166,644			demo-1
□	エムテック株式会社	[illegible]	入金済み	2021-07-01	✔	138,499			demo-4

〔freee 会計の請求書一覧画面〕

各請求書はPDF出力することも可能です。書類の電子保存の要件の1つである「ダウンロードの求めに応じること」は、freeeのシステム上にあるデータをダウンロードできる状態にしておくことで満たされると考えられます。ただ、サーバーダウン等のリスクを考えると、発行した請求書をその都度、又は時期を決めてPDFでダウンロードして自社のサーバー内に保存しておき、いつでも提出できるようにしておく方が望ましいでしょう。

なお、請求書を受け取った取引先は、紙の請求書の受取りとなるため、紙のまま保管するか、スキャナ保存を適用してデータで保存するか、いずれかの方法になります。

(4) 請求書の取引から未決済取引が自動作成

freee会計では、請求書を作成し保存すると、自動的に「未決済」（未入金）の状態で取引（仕訳）が登録されます。したがって、あらためて経理担当が取引を登録する必要はありません（なお、勘定科目の変更などは請求書画面から行うことができます）。科目や内容のチェックだけ行えばよいことになります。

(5) freeeによる請求書の電子保存のメリット・課題

このように、freee上で請求書作成を行えば、その発行から送付、控えの保存までをシステムから行うことができます。さらに、保存されるデータは書類の電子保存の要件を満たしますので、紙に印刷して保存する必要はありません。

とはいえ、相手先から見ると紙で届いており、取引全体で考えた場合効率化できたとはいえません。優先するべきはすべてデータでやりとりを行う電子取引（Web 共有又はメール添付）への移行であり、紙の郵送は、取引先が電子取引に対応してくれない場合に限り検討するとよいでしょう。

⑤ マネーフォワードクラウドによる請求書作成の例

同様に、マネーフォワードクラウドの場合の請求書作成の具体例を見ていきます。

（1）仕訳の登録作業が必要

マネーフォワードクラウドで請求書を作成した場合、仕訳は自動で作成されますが、登録は手動で行わなければなりません。また、仕訳は請求書にかかわらず金額等を後から変更できますので、請求書との整合性には注意が必要です。

❖仕訳の生成画面

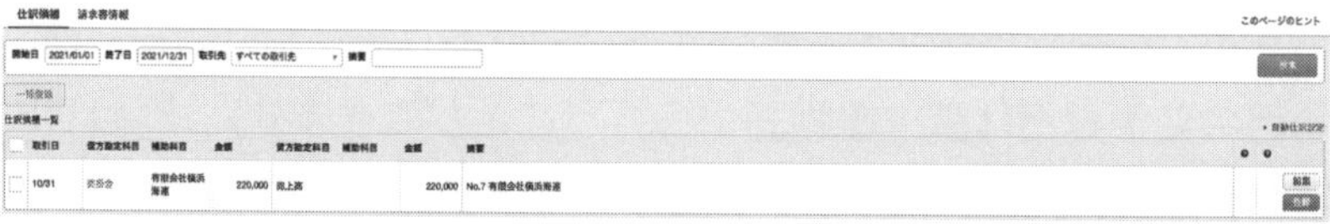

〔マネーフォワードクラウド会計の「自動で仕訳」の画面〕

（2）請求書の共有方法を選べる

マネーフォワードクラウド請求書から、取引先に送付できます。このとき、

❶　郵　　送 ❷　メールで送付 ❸　PDF ダウンロード ❹　印　　刷

を選ぶことができます。

❶メールで送付と❷ PDF ダウンロード（その後、データのままメール添付又はストレージ等で共有）は電子取引に該当し、❸郵送と❹印刷は書類の電子保存に該当します。

郵送を選択した場合には、郵送代行業者が指定した住所宛に請求書を封筒に詰めて郵送してくれます。

(3) 請求書の電子保存

マネーフォワードクラウド請求書から送付した請求書の控えを、そのままマネーフォワードクラウド請求書上に保存することができます。書類（請求書）の電子保存は、検索要件は不要ですが、作成日や取引先、内容等で検索できるようになっています。また、PDF としてダウンロードすることもできます。

〔マネーフォワードクラウド請求書の請求書一覧画面〕

書類の電子保存は「ダウンロードの求めに応じること」が必要ですので、税務調査時にマネーフォワードクラウド請求書からダウンロードできる状態になっていれば問題ないとも考えられます。とはいえ、freee 会計と同様、サーバーダウン等のリスクを考えると、発行した請求書をその都度、又は時期を決めて PDF でダウンロードして自社のサーバー内に保存しておき、いつでも提出できるようしておく方が望ましいでしょう。

なお、請求書を受け取った取引先は紙の請求書の受取りとなるため、紙のまま保管するか、スキャナ保存を適用してデータで保存するか、いずれかの方法になります。

(4) マネーフォワードクラウド請求書による請求書の電子保存のメリット・課題

以上のとおり、マネーフォワードクラウド請求書を使うことによって請求書の発行から送付、電子保存まで行うことができます。ただし仕訳は自動生成されるものの登録までは行われないことと、仕訳と請求書の金額がずれる可能性があることに注意です。

また、freee 会計と同様、請求書を受け取った取引先にとっては紙が発生してしまいます。

⑥ クラウド会計を使った決算書類の作成・保存

freee、マネーフォワードクラウドは、以下の決算書類の作成・電子保存に対応しています。

- 貸借対照表
- 損益計算書
- 株主（社員）資本等変動計算書

これらはシステム上でいつでもダウンロードできます。したがって、書類の電子保存は媒体を問わないことから、クラウド上に保存されていることで書類の電子保存の要件を満たすと考えられます。

とはいえ、繰り返すようですが、サーバーダウン等のリスクを考えると、年度を締める際に自社サーバー等にダウンロードして保存しておき、いつでも提出できる状態にしておくことが望ましいでしょう。

⑦ クラウド会計を使ったスキャナ保存

(1) クラウド会計のスキャナ保存の対応状況

2022年12月現在、freeeとマネーフォワードクラウドは、スキャナ保存の全要件に対応しています。

❖スキャナ保存の要件の対応状況

スキャナ保存の要件	マネーフォワードクラウド	freee
タイムスタンプの付与又は訂正削除システムへの保存	○	○
ヴァージョン管理（訂正又は削除の事実及び内容の確認等）	○	○
スキャン文書と帳簿との相互関連性の保持	○	○
検索機能の確保	○	○

どちらのシステムも、取引への領収書添付機能や、経費精算などにスキャナ保存の機能が組み込まれています。

具体的には、紙の領収書・請求書等をスマートフォンなどで撮影してアップロードし、取引登録をします。アップロードと同時に、タイムスタンプ付与や訂正削除の記録がされるため、細かい要件を意識することなくスキャナ保存を行うことが可能です。紙の領収書・経費精算書を一切使わないワークフローであるため、非常に効率的です。

ここでは、スキャナ保存でよく使われる経費精算を例に、具体的なソフト（freee 会計の経費精算、マネーフォワードクラウド経費）を紹介しながら、どのように要件を満たすのか説明します。

（2）クラウド会計を使った経費精算

まず、クラウド会計を使った経費精算が、従来の紙ベースによる方法とどのように違うのか比較します。

電子帳簿保存法に対応しない紙ベースの経費精算では、以下のようなケースが多いでしょう。

❖従来の経費精算

- 従業員が定期的（１か月に１度など）に経費精算書を作成し、紙の領収書を添付して上長へ提出する
- 上長は内容を確認し、承認印を押して経理へ提出
- 経理は経費精算書と紙の領収書をダブルチェックして、会計ソフトに入力

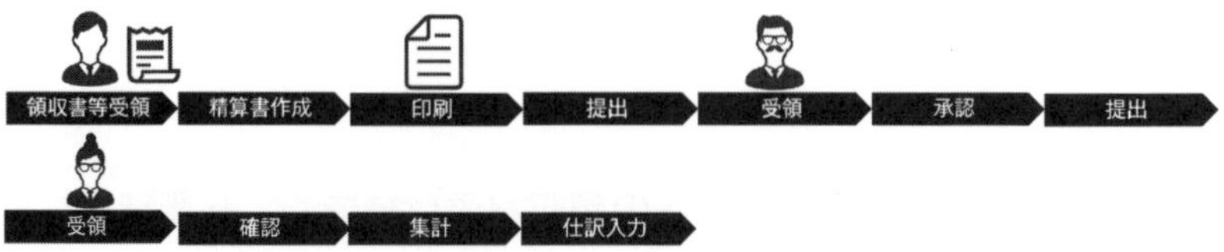

このように、紙ベースの経費精算は担当者、上司、経理いずれにとっても工程が多く、負担が重いものです。仮に、このワークフ

ローの状態でスキャナ保存だけを導入したとしても、単に領収書が紙からデジタルへ変わるだけで、業務効率化はそれほど見込めないでしょう。

一方､クラウド会計を使った経費精算の流れは以下のとおりです。

❖クラウド会計を使った経費精算

- 従業員がスマートフォンなどで領収書を撮影し（又は電子取引のデータを添付し）、必要な項目をアプリ上で入力して申請する。
- 上長がアップロードされた領収書と申請内容を見て承認・差戻しをする。
- 経理は承認された取引（仕訳）を確認する。

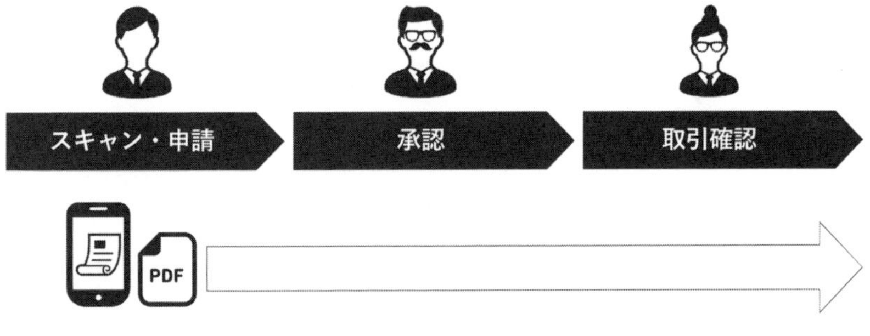

以上のとおり、すべての工程がデータで行われるため非常にシンプルなワークフローとなります。人の手を介すことがないため、余計な手入力や確認作業が発生しません。

クラウド会計上は、領収書データがアップロードされた時点で日付と改ざんされていないことが記録されます。このとき、解像度や階調情報、大きさ情報、ヴァージョン、入力者情報を保存することができます。したがって、従業員はスキャナ保存の要件を1つひとつ確認する必要はありません。領収書の原本は、社内で定めたルールに則り廃棄が可能です（領収書の受領からクラウド会計に保存する場合の期間や入力担当者は、スキャナ保存に関する各事務の処理に関する規程を定めて、運用する必要があります）。

上長が承認後、経理は撮影されたデータと内容を照合して取引（仕訳）確認を行います。紙の領収書と精算書を見ながら入力することに比べて、負担が軽くなります。

このように、クラウド会計を使った経費精算は、領収書データがシームレスに数値につながり、なおかつスキャナ保存の要件を自動的に満たすことのできるツールとなっています。

(3) スキャナ保存の対象となる書類

従業員が店舗等で現金やクレジットカード、電子マネー等で立て替えて、経費精算書とともに会社に請求する場合の領収書は、前述した「帳簿代用書類」として、スキャナ保存の対象となります。これらの書類は一般書類から除かれているため、重要書類に分類されます（スキャナ保存一問一答問8）。したがって、受領からタイムスタンプ付与までの期間（入力期間）は「最長2か月＋7日」（業務サイクル方式）となります。従業員が領収書を溜め込まないように、特に入力期間についてはあらかじめ周知した方がよいでしょう。

⑧ freeeによるスキャナ保存（経費精算）の例

ここでは、クラウド会計freeeを使った経費精算の流れを具体的に見ていきます。

(1) スマートフォンから申請可能

freee は PC から申請する方法の他、スマートフォンにアプリをダウンロードして、経費精算の申請をすることが可能です。出張などで忙しい従業員にとって、これは助かるでしょう。

従業員は領収書を、その場で撮影して取引に添付し、申請することができます。交通費については、経路から検索して自動入力することも可能です。

あらかじめ従業員に撮影の方法や、入力の方法等を周知し、アップロードするまでの期間をルールできちんと定めておけば、その後の経理の流れもスムーズになるでしょう。

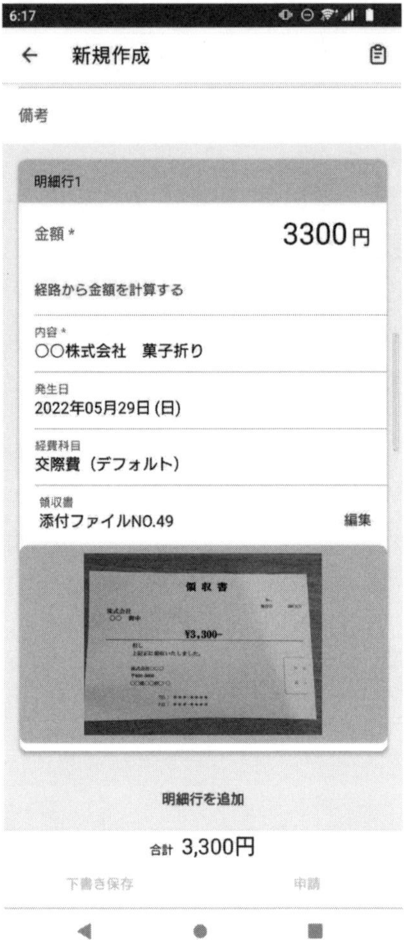

〔freee 会計（スマホ版）の経費精算画面〕

(2) 取引登録とスキャナ保存の要件

上司がクラウド会計上で承認すると、取引（仕訳）が登録されます。なお、取引（仕訳）画面と経費精算システムはリンクしていますので、いつでも経費申請情報にたどることができます。添付されたスキャンデータには、番号が自動的に付されます。この機能により、スキャナ保存の要件の１つである「スキャン文書と帳簿との相互関連性の保持」が保たれることになります。

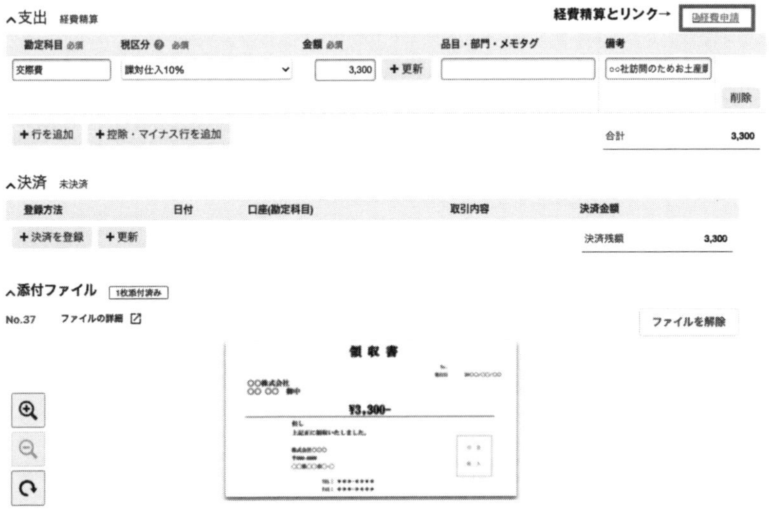

〔freee 会計の取引の画面を一部加工〕

このとき添付された領収書は、freee のクラウドストレージであるファイルボックスに、ヴァージョン、大きさ情報、入力者情報とともに保存されます。

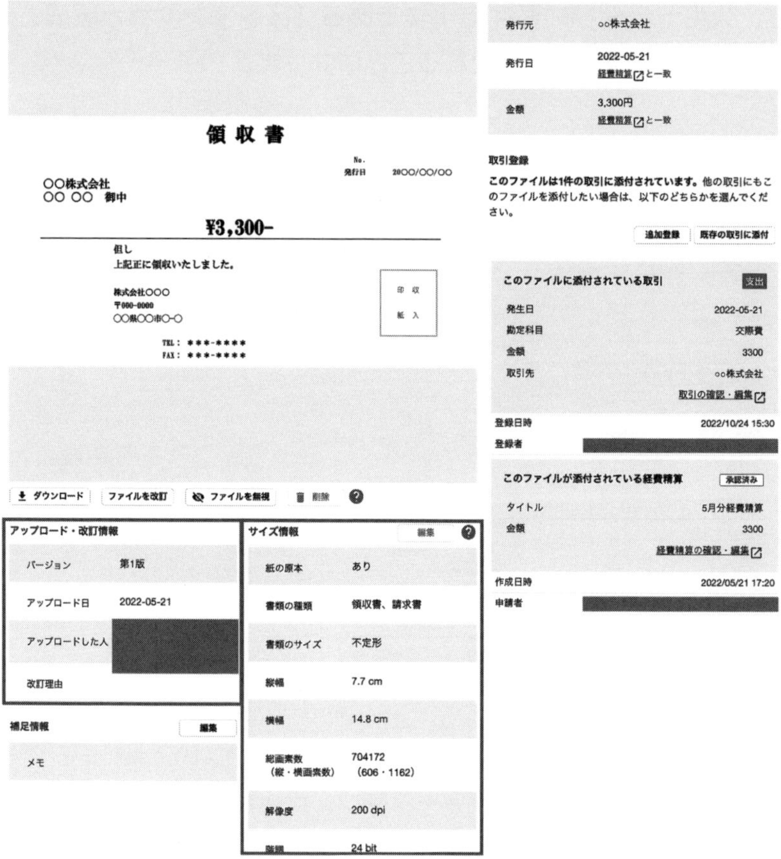

〔freee 会計のファイルボックスの画面を一部加工〕

また、アップロードしたファイルは削除ができないため、訂正削除システムとしての代替要件も満たしています。

なお、ファイルボックスからは、

- 取引先（発行元）、取引年月日（発行日）、取引金額（金額）の 3 つで検索できる
- 2 以上の項目で条件を設定して検索できる

・　取引年月日（発行日）と取引金額（金額）については範囲指定検索できる

ようになっているため、検索要件の機能も満たすことになります。

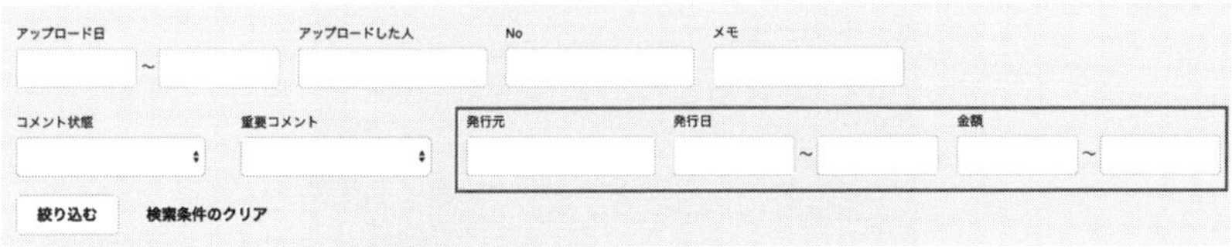

〔freee 会計のファイルボックスの画面を一部加工〕

このように、freee の経費精算機能を使う場合には、「訂正削除システムへの保存」で要件を満たした上で、申請から承認、取引登録、精算まですべてクラウド上で行うことができます。また、領収書等を鮮明に撮影することはもちろん必要ですが、その他のスキャナ保存の要件（ヴァージョン管理、大きさ情報・入力者情報の保存、検索要件）を特別意識することなく満たすことができます。

⑨ マネーフォワードクラウド経費によるスキャナ保存（経費精算）の例

(1) スマートフォンから申請も可能

マネーフォワードクラウドにも経費精算のスマートフォンアプリがあります。領収書を撮影して申請する、経路から交通費を検索して申請する方法のほか、連携サービス（銀行口座や、クレジットカード）から申請する方法がある点が特徴的です。マネーフォワードクラウドは個人の家計簿アプリから出発しているためか、金融機関との連携が豊富です。

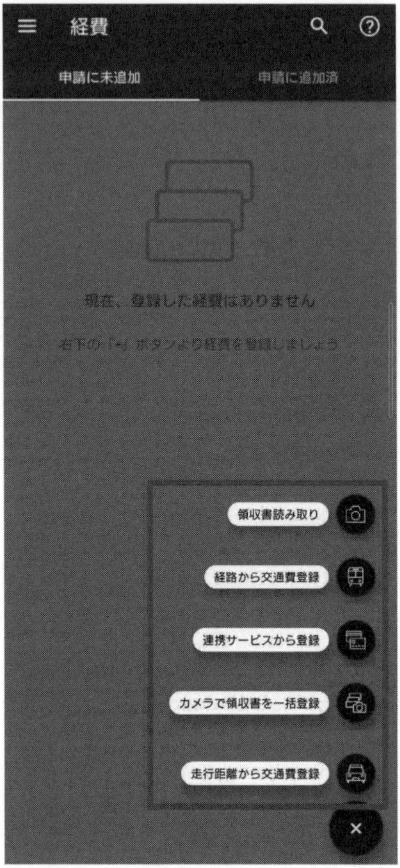

〔マネーフォワードクラウド経費（スマホ版）を一部加工〕

　このとき、従業員が領収書を溜め込まないように入力期間をあらかじめ指定しておくことや、連携サービスを連携して申請する場合のプライベート情報の対応（プライベート利用分は黒塗りするなど）をルールとして定めておくことが必要でしょう。

〔マネーフォワードクラウド経費（スマホ版）の領収書読み取り画面〕

(2) 仕訳の登録とスキャナ保存の要件

上司が経費の承認をすると、経費の仕訳が自動的に生成されます。しかし、仕訳は自動的に行われません。経理部門があらためて手動で仕訳を登録する必要がある点に注意です。

❖自動生成された仕訳の例

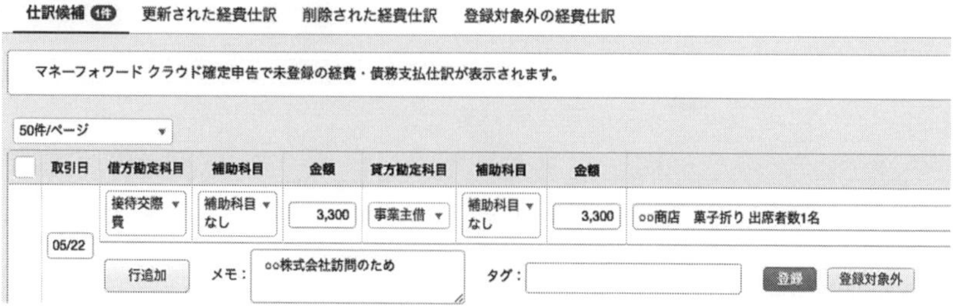

〔マネーフォワードクラウド会計の「自動で仕訳」画面を一部加工〕

　このとき添付された領収書は、クラウド経費から情報を閲覧することができます。

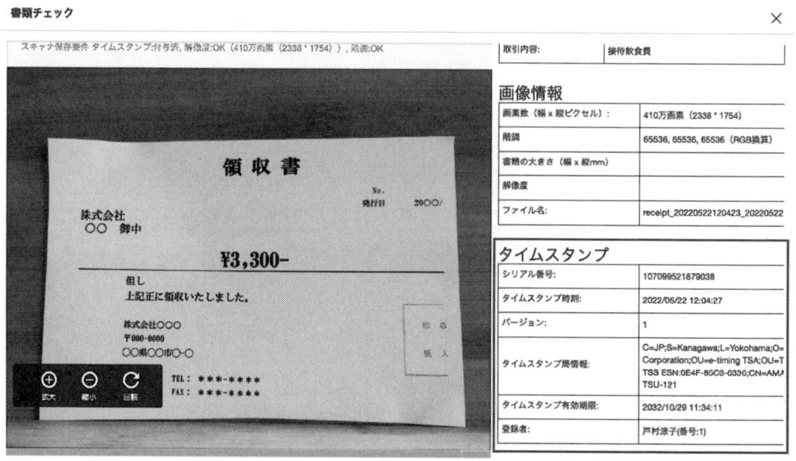

〔マネーフォワードクラウド経費の電子帳簿保存法書類の詳細画面を一部加工〕

　以上のとおり、アップロードされた時点でタイムスタンプが自動的に付与されています。ヴァージョン管理は自動的に連番で付番され、入力者情報も併せて登録されます。大きさ情報は A4 以上のサイズ以上の領収書に限り、サイズ情報を手動で入力できる仕様となっています。

　また、登録した仕訳にスキャンした領収書データを添付して紐づけることができます。スキャナ保存の要件の１つである「スキャン文書と帳簿との相互関連性の保持」を満たすことができます。

〔マネーフォワードクラウド会計の仕訳帳の画面〕

　なお、マネーフォワードクラウド経費のシステム上、

- 取引先（支払先）、取引年月日（取引日）、取引金額（金額）の３つで検索できる
- ２以上の項目で条件を設定して検索できる
- 取引年月日（発行日）と取引金額（金額）については範囲指定検索できる

ようになっているため、検索要件の機能も満たしています。

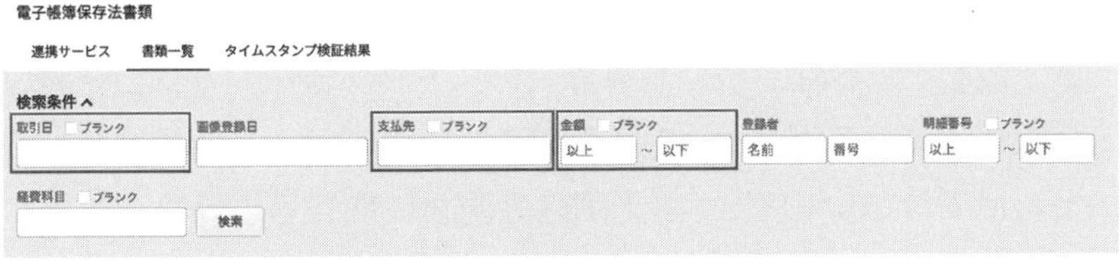

〔マネーフォワードクラウド経費の電子帳簿保存法書類一覧画面を一部加工〕

　このように、マネーフォワードクラウド経費の経費精算機能を使う場合、申請から承認、仕訳の生成までクラウド上で行うことができます。ただし、仕訳登録は自動ではなく、人が確認した上で行う

必要があります。経理部門でいったん確認してから仕訳登録を行いたい会社にとっては良い仕様でしょう。

スキャナ保存については、アップロードした時点でタイムスタンプが付与され、その他の要件であるヴァージョン管理、入力者情報の保存、検索要件も自動的に満たすため、特に要件を意識することなく実施できます。

⑩ クラウド会計を使った電子取引保存

(1) クラウド会計の電子取引保存の対応状況

freee、マネーフォワードクラウドともに電子取引保存に対応しています。

電子取引の要件の１つである「真実性の確保」は、「訂正削除システムによるデータ授受・保存」「タイムスタンプの付与」「訂正削除の防止に関する事務処理規程」で対応します。

例えば、銀行口座の明細やクレジットカード明細を同期して取り込む場合です。この場合、取り込んだデータはシステム上訂正又は削除ができませんので、「訂正削除システムによるデータ授受・保存」の要件を満たすことになります。

電子取引データをクラウド会計上のストレージにアップロードして仕訳を作成する場合は、訂正削除システムでデータの授受をしているわけではないので、「訂正削除の防止に関する事務処理規程」を作って対応することになります。

検索要件も、スキャナ保存と同様２社とも満たしており、「税務調査時のデータダウンロードに応じること」を前提に、取引年月日その他の日付、取引金額及び取引先の３つで検索ができる仕様となっています。

(2) パターン別電子取引の保存方法

クラウド会計を使った電子取引保存として、以下のパターンが考えられます。

(ア) クラウド上で共有された請求書の保存

クラウド会計では、共通のシステムを使っている者同士が共通のクラウドストレージにアクセスし、請求書を共有できます。この取引は、紙を一切使わないため電子取引に該当します。

共通のシステムのクラウドストレージ上で共有された請求書は、訂正削除システムによる授受・保存に該当しますので、そのままクラウドストレージ上に保存することによって真実性の確保の要件を満たすことができます。

(イ) メールで受け取った領収書・請求書データ

インターネット上で決済し、メールで受け取った領収書・請求書データがある場合は、紙を一切使わない取引ですので電子取引に該当します。この場合、メールで受け取った領収書・請求書データを各クラウド会計のクラウドストレージにアップロードし、取引（仕訳）登録をします。

なお、これらの電子取引については外部から直接クラウド会計に取り込んだデータではないため、後から訂正又は削除が可能です。したがって、真実性の確保のために「訂正削除の防止に関する事務処理規程」を作成し、運用する必要があります。

(ウ) ECサイトで購入した場合の領収書・請求書データ

ECサイト等で商品を購入した場合は、通常紙の領収書は発行されませんので電子取引に該当します。この場合は、プラットフォーム上で発行される電子領収書・電子請求書を各クラウド会計のクラウドストレージにアップロードの上、取引（仕訳）登録をします。

これらの電子取引も、外部から直接取り込んだデータではないため後から訂正又は削除が可能です。したがって、真実性の確保をするために「訂正削除の防止に関する事務処理規程」を作成し、運用する必要があります。

㈣ 外部サービスとデータ連携した場合

クラウド会計は、銀行口座やクレジットカードなどを連携させて、データを取得することができます。データは自動的に取得することができ、科目や内容をクラウド会計上で入力するだけで仕訳が完了します。クラウド会計を使う上での一番のメリットともいえるでしょう。

外部サービスとデータ連携した場合、電子取引の真実性の確保の要件の１つである「訂正削除システムによる授受・保存」に該当しますので、電子取引の保存要件を満たします。そのため、あらためて領収書等のデータを保存する必要はなくなります。

ただし、現時点では連携データは最低限というものが多いことから、経理上、取引内容や消費税の仕入税額控除の観点から領収書データが必要となるケースもあるでしょう。したがって、外部サービスとデータ連携させた場合も、領収書等のデータはクラウド会計上にアップロードして後から検索できるようにしておくことが必要です。

⑪ freee による電子取引保存の例

ここでは、freee を使った電子取引を処理・保存する方法を、２

つの具体例で説明します。

(1) 外部のシステムと連携したデータの例

freee では、銀行口座やクレジットカードなど、外部のシステムと連携したデータを取引として登録することができます。この方法による場合には、電子取引の真実性の確保の要件の 1 つである「訂正削除システムによる授受・保存」の要件を満たすことができます。

例えば、クレジットカードを連携するとします。この場合、取引データがすべて同期され、保存されますので、これをもって新たに領収書等のデータを保存する必要がありません。

❖クレジットカード同期の例

口座名		★	取引日∧∨	取引内容	入金額	出金額
DCカード			2021-12-30	株式会社八重洲タクシー　東京都	0	6,000
DCカード			2021-12-29	イー　モバイル　-東京都　港区	0	3,885
DCカード			2021-12-29	日経新聞　電子版　月ぎめプラン　-東京	0	4,000
DCカード			2021-12-26	ソフトバンク　携帯電話利用料	0	3,000
DCカード			2021-12-20	ＪＲ東日本モバイルＳｕｉｃａ　東京都	0	5,000
DCカード			2021-12-15	ＥＴＣ　特別割引　関東	0	850

〔freee 会計の口座の明細画面〕

ただし、前述したとおり、実際にはクレジットカードの同期データだけでは、領収書やレシートに記載されているような詳細や消費税の仕入税額控除に必要な情報がわかりません。したがって、正しく経理するためにクレジットカードを利用したときの領収書もスキャンするなどしてデータとして残しておき、freee 上のクラウドストレージ（ファイルボックス。以下同様）に保存しておく対応が望ましいでしょう。

(2) メールで受け取った請求書等の電子保存の例

メールで受け取った請求書等の電子取引データの場合もスキャナ

保存と同様、ファイルボックスにアップロードし、取引登録をします。
なお、このとき「発行元」「金額」「発行日」が登録されます。これらの項目は、検索要件を満たすために必要です。自動的に読み取らなかった部分は手入力する必要があります。これらの項目が抜けていると、検索要件を満たしませんので、あらかじめ従業員に周知した方がよいでしょう。

〔freee 会計のファイルボックスの画面を一部加工〕

アップロードされたデータには、紙の原本なしということでサイズの情報がありませんが、電子取引は大きさ情報の保存は不要なので問題ありません。
電子取引として保存されたデータは、

- 取引先（発行元）、取引年月日（発行日）、取引金額（金額）の３つで検索できる

●　2以上の項目で条件を設定して検索できる
●　取引年月日（発行日）と取引金額（金額）については範囲指定検索できる

ようになっていますので、検索要件を満たします。

なお、前述のとおり外部のサイトからダウンロードしたデータをfreeeのファイルボックスにアップロードする場合、データの訂正又は削除が可能なので、真実性の確保の要件の１つである「訂正削除の防止に関する事務処理規程」の備付けが必要です。実際に会社が行う電子取引の種類は多くあり、すべてを外部と同期できるわけではないので、この規程は電子取引を行うすべての会社が準備する必要があります。

このように、freeeを使った場合には外部のシステムと連携したデータはもちろん、自らアップロードする電子取引データも特別意識することなく要件を満たした上で保存できます。

⑫ マネーフォワードクラウドによる電子取引保存の例

ここでは、マネーフォワードクラウドを使った電子取引を２つの具体例で説明します。

(1) 外部のシステムと連携したデータ

マネーフォワードクラウドもfreeeと同様、銀行口座やクレジットカードなど、外部のシステムと連携したデータを仕訳として登録できます。この方法による場合には、電子取引の真実性の確保の要件の１つである「訂正削除システムを利用したデータ授受・保存」を満たすことができます。ただし、こちらも日付、金額、簡単な摘要など最低限の情報しか同期できないため、消費税の仕入税額控除の観点からも、元となった領収書等のデータもマネーフォワードクラウドのクラウドストレージ（クラウドBox。以下同じ）に保存しておくことが望ましいでしょう。

(2) メールで受け取った請求書等の電子保存

マネーフォワードクラウドの場合、電子取引はスキャナ保存対象の書類と区分してクラウドBoxにアップロードして、保存することになります。

電子取引データをアップロードする際に、取引日、取引先、合計金額を入力する必要があります。これらは検索要件を満たすために必要な項目です。

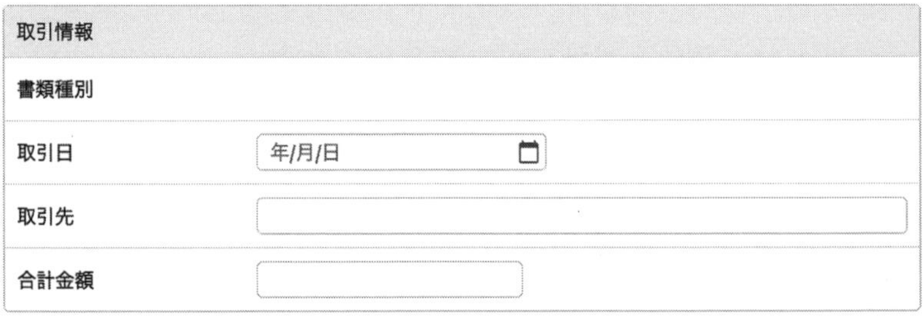

〔マネーフォワードクラウドBoxのファイルアップロード画面〕

アップロードした請求書等は、

- 取引先、取引日、金額の3つで検索できる
- 2以上の項目で条件を設定して検索できる
- 取引日と金額については範囲指定検索できる

仕様となっているため、電子取引の検索要件を満たすことができます。

〔マネーフォワードクラウド Box のファイルアップロード画面を一部加工〕

電子取引は直接クラウド Box にアップロードする方法の他、仕訳に直接添付することもできます。

なお、これらは外部のシステムと連携したデータと違い、自分で外部サイトからデータをダウンロードし、アップロードして保存する方法であるため、訂正又は削除が可能です。したがって、電子取引の真実性の確保の要件の 1 つである「訂正削除の防止に関する事務処理規程の備付け」が必要となります。

なお、「書類の電子保存」で紹介した、マネーフォワードクラウド請求書で作成した請求書を「メールで送付」を選択して送付した場合も、電子取引として自動的にクラウド Box に保存されます。クラウド Box に自動的に保存された請求書は削除ができない仕様となっています。これにより、電子取引の真実性の確保の要件の 1 つである「訂正削除システムを利用した授受・保存」を満たします。

このように、マネーフォワードクラウドにおいても外部と連携したデータはもちろん、自らアップロードする電子取引データも特別意識することなく要件を満たした上で保存することができます。

以上、freee とマネーフォワードクラウドによる電子取引の保存の具体例を紹介しました。

電子取引の保存要件の 1 つである真実性の確保については、両者とも利用者が意識することなく満たすことができます。

ポイントは、検索要件を満たすために、検索項目をきちんと設定して保存する、ということです。従業員に周知した上で、経理担当者も定期的にチェックするなど対策が必要です。

コラム

クラウド会計は発生主義ではない？

クラウド会計の黎明期は、「クラウド会計では発生主義を処理できない。したがって、正しい決算書が作成できない！」という論調がありました。これまでのがっちりした会計ソフトとかけ離れたものであったからでしょう。

特に本書でたびたび登場しているfreeeは、これまでの会計ソフトとは一線を画しています。従来の会計ソフトは経理が「入力」をすることが前提ですが、freeeはデータを「活かす」ことを前提としているからです。

結論からいうと、クラウド会計だからといって発生主義に基づいた決算書が作成できないということはもちろんありません。

特に、freeeに関しては発生主義が徹底されている仕様となっています。その現れが、「決済・未決済」機能です。freeeでは、取引を登録する際に決済済か未決済かを選べます。「未決済」を選んだ場合には、あらかじめ勘定科目ごとに登録した未決済科目（売上であれば売掛金、経費であれば買掛金・未払金など）として自動的に処理されます。そして、入金や支払をしたときに「未決済取引の消込」という形で処理をするのです。なおかつ、これらのワークフローはすべて入金管理レポート、支払管理レポートに反映されるので、入金漏れや支払漏れを常にチェックできます。

　これらの処理は非常にシステマチックにできており、原則として人が勝手に仕訳をいじることはできません。従来の「人が仕訳を入力する」会計ソフトに慣れている場合、この点が難しいと感じることもあるでしょう。しかし、こういったシステムでがっちり制御されていることが、データの正確性を担保しているのです。

第３節 クラウド会計を使った電子契約

① 電子契約とは

会社の業務で、紙の多い仕事の１つが契約業務です。内容を精査して双方合意の上、正副２つの契約書を準備し、押印、郵送、返送、保管という多くの手間とコストがかかるものです。

そこで注目されているのが電子契約です。電子契約とは、紙の契約書に代わりデータで契約内容を共有し、電子署名を付すことにより契約締結を行うものです。これによって、紙の契約書作成の際に生じていた手間・コストの負担を大きく減らすことができます。

電子契約は、取引情報の授受をデータにより行う取引であることから、電子帳簿保存法の中の「電子取引」に該当します。したがって、電子契約を行った場合には、原則として紙による保存を行うことができず、要件を満たした上でデータのまま保存します。

② 電子契約と印紙税

印紙税法は、「別表第一の課税物件の欄に掲げる文書には、この法律により、印紙税を課する。」（印紙税法２）とし、「別表第一の課税物件の欄に掲げる文書のうち、第５条の規定により印紙税を課さないものとされる文書以外の文書の作成者は、その作成した課税文書につき、印紙税を納める義務がある」としています（印紙税法3）。

電子契約は課税文書を作成したことにはならないので、印紙税が課されません。契約書の締結が多い事業者は、電子契約に切り替えることによってこれまで多くかかっていた印紙税の負担を0にすることができます。

③ マネーフォワードクラウドによる電子契約の例

電子契約サービスは以前から存在していましたが、最近ではクラウド会計が電子契約サービスを始めています。クラウド会計大手のfreee、マネーフォワードクラウドも、電子契約サービスを提供しています。クラウド会計上で電子契約を結ぶことによって、会計情報との一元管理がされ、取引がスムーズになるメリットがあります。

ここでは、マネーフォワード社が提供する「マネーフォワードクラウド契約」を例として、どのように電子帳簿保存法に対応するのか確認します。

(1) 電子契約の流れ

マネーフォワードクラウドを使った電子契約の流れは、以下のとおりです。

❖電子契約の流れ

まず契約書の書面（PDF）を作成して、クラウド上にアップロードします。その後、署名（氏名や住所など）の位置を設定して、相手先にメールで送信します。相手先はメールで通知を受け取ったら、クラウド上の契約書にアクセスし、指定された署名欄に電子署名を行います（相手先はマネーフォワードクラウド契約のアカウントを持っている必要はありません）。契約締結後、マネーフォワードクラウド契約上に契約書が保存され、相手先は契約書をダウンロードできるようになります。

(2) 送付側の対応

送付側が送付した契約書は、マネーフォワードクラウド契約のストレージ上に保存されます。

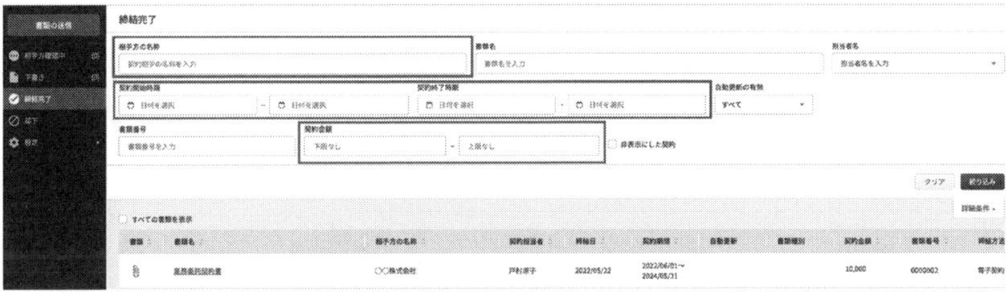

〔マネーフォワードクラウド契約の締結完了画面を一部加工〕

このとき、

- 取引年月日（契約開始時期、契約終了時期）
- 取引先名（相手方の名称）
- 取引金額（契約金額）

で検索できるようになっています。

また、2 以上の項目の複数検索、範囲指定検索もできるようになっていますので、電子取引の検索要件を満たすことができます。

締結した契約書は訂正又は削除ができない仕様となっていますので、電子取引の真実性の確保の要件も満たします。

したがって、マネーフォワードクラウド契約を使って電子契約を締結した場合には、送付側は電子取引の要件を満たすための新たな措置は必要ありません。

(3) 相手先の対応

相手先は、契約書の PDF をダウンロードしますので、電子取引として処理します。したがって、検索要件、真実性の確保等の要件を満たした上で保存が必要となります。

以上のとおり、電子契約システムを使えばすべてクラウド上で契約を完結することができ、非常にやりとりがスムーズです。また、紙の保存も不要ですので、契約数の多い会社はオフィスの省スペース化につながるでしょう。

コラム

クラウド会計によって変わった経理の役割

これまで、経理の仕事は「正しい仕訳をして、決算書を作成する」ことがメインでした。そして、会計ソフトもそのニーズに応えたものが多かったのです。簿記の知識がある人を前提とした、専門用語の多いソフトが主流でした。借方、貸方、消費税区分、摘要欄など紙の「伝票」を基本とした入力画面からもそのことがうかがえます。

しかし、クラウド会計はそういった「経理でしか使えない会計ソフト」の壁を乗り越えました。なるべく専門用語を排除し、誰もがとっつきやすい仕様となっています。また、基本的には「仕訳を入力する」ことが極力排除され、銀行口座やクレジットカード、EC サイトなど外部のデータを連携させて最低限の処理（科目を付すなど）をすることでユーザーが簿記の知識をそれほどもっていなくても処理できるものとなっています。

それが具体的に現れている例が経費精算です。従来の会計ソフトは従業員が経費精算書を提出し、その内容に基づいて経理が正しい勘定科目で仕訳をする、というやり方がメインでした。

一方、クラウド会計は従業員が領収書を撮影して、最低限の内容を入力した上で申請するやり方です。このとき、従業員はあらかじめ候補に表示された内容を選択するだけなので、「勘定科目」「消費税区分」などを意識せず申請することができます。

したがって経理は、提出されたデータを「チェックする」仕事が主流となっていきます。とはいえ求められることが少なくなったわけではなく、仕訳や決算書のチェックはもちろん、「このデータは何と紐づいているのか」といった、ITスキルを含めた全体思考が必要です。「仕訳」という、部分的な「木」だけではなく、ワークフロー、システムを通じて出来上がった数字から全体的な「森」を俯瞰して見る力です。これは税理士も同様で、仕訳や決算書の数字だけでなく、システム全体のワークフローを見渡すスキルが求められていくでしょう。

第４節

クラウド会計を使った給与計算

① 従来の紙中心の給与計算

会社の数字を扱う場面において、給与計算も大きな業務の１つです。

従来のクラウドを使わない紙中心の給与計算は、従業員がタイムカードや出勤簿に記録し、給与担当者（又はアウトソーシング会社）がそれらを集計した上で支払う、といった流れが主流でした。これらのワークフローは紙中心であり、どうしても月次の勤怠や手当等の数字を集計する時間がかかり、ボトルネックとなっていました。さらには、年に１度の年末調整や法定調書・給与支払報告書の提出もすべて紙ベースという場合には、多大な労力がかかっていました。

② クラウドを使った給与計算とは

そこに現れたのが、クラウド系の給与計算ソフトです。

freee、マネーフォワードクラウドでは、クラウド会計に給与計算を連動させることができます。

具体的には勤怠、給与計算、給与明細発行、振込をすべてデータで行うことができ、さらに会計にすぐに反映させることができます。

これまでボトルネックとなっていたアナログな集計から解放され、リアルタイムかつペーパーレスに給与計算を進めることができます。

③ 給与計算と電子帳簿保存法対応

給与計算に関係する電子帳簿保存法対応としてまず考えられるのが、賃金台帳、出勤簿、労働者名簿でしょう。これらは、労働基準法で備付けが義務付けられているほか、法人税法施行規則別表 21（十四）に掲げる記載事項に該当するため（25 頁）、その他の帳簿（補助簿）としても保存が必要です。

クラウド会計を利用している場合、これらの補助簿は自動的に作成されます。年月や従業員ごとに適宜出力できるため、検索要件については問題ないでしょう。

また、年末調整の際に従業員から提出を受ける扶養控除等申告書などの書類については、給与の支払者が 7 年間保存することとされています。これらの申告書については 2020 年（令和 2 年）分の年末調整から、承認申請をすることなくデータ保存が認められることになっています（要件は後述）。

freee、マネーフォワードクラウドは上記の年末調整の電子化の要件も満たしていますので、これらのシステムを使うことによって年末調整の際の各申告書についても電子保存が可能となります。

④ クラウド会計による給与計算の具体例

ここでは、freee 人事労務を使った給与計算の具体的な流れを確認します。

❖ freee 人事労務による給与計算の具体例

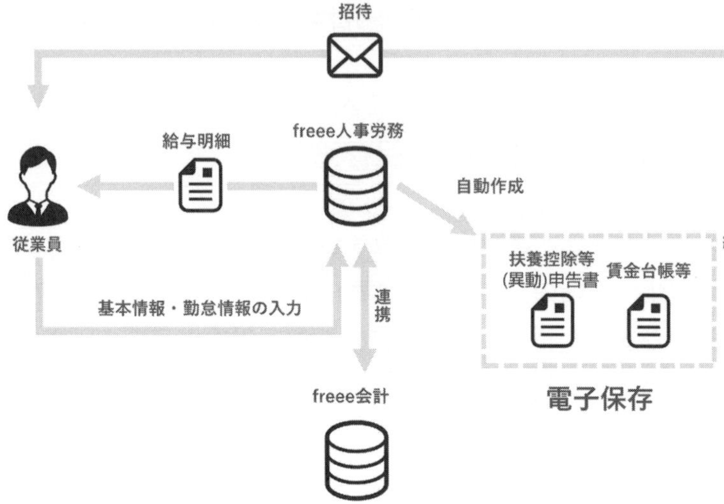

(1) 各申告書の電子保存

まず、給与担当者は給与規程や各従業員の勤務・賃金形態の設定などを行います。その後、従業員に freee 人事労務に参加してもらうためにメールアドレス宛に招待を送ります。このように、クラウド会計による給与計算は 1 人 1 つの ID（メールアドレス）を持っていることが前提です。

従業員は freee 人事労務にログインし、氏名や住所、扶養家族など必要事項を入力します。このとき、「給与所得者の扶養控除等（異動）申告書」は入力された情報を基に自動的に作成されます。このデータは本来なら紙で保存し、税務署から求められたときに提出又は提示が必要なものですが、データで保存するための要件を満たしているため、そのままクラウド上にデータ保存が可能です。

(2) 賃金台帳の電子保存、給与明細の電子発行

従業員が日々の勤怠を入力します。その勤怠情報に基づき、給与担当者は給与額を確認し、給与明細を確定します。これによって労働基準法で整備が求められている3つの書類（賃金台帳・出勤簿・労働者名簿）の作成や住民税の明細発行、社会保険の届出、年末調整が可能となります。このとき、従業員にはメールで通知が送られ、PCやスマートフォンで自分の給与明細を確認できます。

なお、この給与明細は電子化して交付することが認められていますが、所得税法上従業員の「同意」が義務付けられています（所法231②)。あらかじめ従業員に電子化を周知しておく必要があります。

(3) 会計データとの連動

給与担当者は確定した給与データに基づき、振込を行います。なおこの際、銀行の振込データを自動的に作成することができます。freee会計を利用している場合には、給与の仕訳データも自動的に作成されます。

このように、freee人事労務を使えば給与のワークフローをすべてデータで行うことができ、関連する書類もすべてデータで保存できます。電子帳簿保存対応を考えている会社は、給与計算の電子化も視野に含めると、社内全体の効率化が一層進むでしょう。

コラム

無料のクラウドストレージは電子取引の検索要件を満たす？

電子取引を保存する際に、「無料のクラウドストレージに保存しておけばよいのでは」と考える事業者の人も多いものです。

電子取引の保存要件の１つである「真実性の確保」については、「訂正削除の事務処理規程」を作成し、運用すれば問題ないでしょう。

課題となるのが、検索要件です。

電子取引の検索要件として、以下の３つでの検索が必要です。

- 取引年月日
- 取引先名
- 取引金額

電子取引をしたときの領収書等のデータをクラウドストレージ内に保存するだけで、これらを検索できるかがポイントです。

実際は、保存されたPDF等のデータ内の情報まで検索することは難しく、ファイル名に上記３つの項目を盛り込むか、索引簿を別途作って管理することが必要になると考えられます。

このように、無料のクラウドストレージにデータを保存することは可能ですが、検索要件は別途考えていく必要があります。

また、無料のサービスの場合データ容量に制限があることが大半です。

必ずしも最初から有料のサービスを利用する必要はありませんが、検索要件と、データ量が増えた場合の対応を考えてから利用した方がよいでしょう。

第5節 クラウドを使った年末調整・法定調書提出

ここでは、年末調整の電子化の概要を説明した上で、クラウド給与計算ソフト（freee 人事労務）を使った年末調整・法定調書の具体的な流れを説明します。

① 年末調整の電子化（電子年調）とは

クラウドを有効活用できる業務が年末調整の電子化（電子年調）です。電子年調とは、従来の紙中心の年末調整の業務をペーパーレスで行う方法を指します。国税庁も年末調整の電子化には力を入れており、2020年（令和2年）分の年末調整より無料の「年末調整電子化ソフト」（以下、「年末調整ソフト」といいます）を提供しました。さらに、2021年（令和3年）分の年末調整より、年末調整の電子化を始めるにあたっての事前承認が必要なくなり、より電子化を行いやすい環境が整いました。

具体的には、以下の書類を紙ではなくデータで提出を受け、保存することが可能です。

- 控除証明書類
  - 生命保険料控除証明書（新・旧）
  - 個人年金保険料控除証明書（新・旧）
  - 介護医療保険料控除証明書

- 地震保険料控除証明書
- 住宅借入金等を有する場合の所得税額の特別控除証明書
- 住宅ローンの年末残高等証明書

● 控除申告書
- 給与所得者の扶養控除等（異動）申告書
- 配偶者控除等申告書
- 保険料控除申告書
- 基礎控除申告書
- 所得金額調整控除申告書
- 住宅借入金等特別控除申告書

② 電子年調を行う要件

(1) 控除証明書等

控除証明書等は、以下の方法で取得されたものに限りデータによる提供を受けることができます。

● マイナポータル連携により取得
● 保険会社等のお客さまページ等からダウンロードして取得
● e-Tax より取得（住宅借入金等特別控除申告書、年末残高等証明書を取得する場合）

したがって、次の方法で作成されたデータは上記の要件を満たしません。

● 控除証明書等をスキャンしたデータ
● Excel や PDF に入力したデータ

(2) 控除申告書

データで控除申告書の提供を受けるためには、以下の2つの要件を満たすことが必要です。

- データによる提供を受けるために以下のいずれかの方法を定めておくこと
  - ⓐ 勤務先にインターネット経由のメール等で送信する
  - ⓑ USBメモリ等に保存して勤務先に提供する
  - ⓒ （社内LANなどで）勤務先と作成者である従業員のみアクセスが可能な領域に年末調整に関する申告書データを保存する
  - ⓓ 社内LANにログインし、メール等で送信する

  （注）上記のⓐ又はⓑの方法により提出する場合には、データに電子署名を付すか､パスワードを設定する必要があります。
- データにより提供する者の氏名を明らかにするために以下のいずれかの措置を講ずること。
  - ⓐ 従業員が申告書情報に電子署名を行い、その電子署名に係る電子証明書を申告書情報と併せて勤務先に送信する措置
  - ⓑ 従業員が、勤務先から通知を受けた識別符号（ID）及び暗証符号（パスワード）を用いて、勤務先に申告書情報を送信する措置（具体的には年末調整の申告書データそのものにパスワードを付す場合のほか、社内LAN等に従業員個別のID、パスワードでログインし、その従業員のみに割り当てられた電子メールアドレスから送信する場合等も含まれます）

上記の他、以下の対応も必要です。

● 従業員がデータの提供を適正に行うことができるための措置
● 従業員がデータで提供を行う際に、勤務先がその者を特定することができるための措置
● 申告書に記載すべき事項について PC 等の映像面への表示及び書面への出力をするための措置

以上で見たとおり、申告書を単にデータ化するだけではデータ提出の要件を満たしません。したがって、以下の控除申告書データは要件を満たしません。

× 手書きで作成した申告書をスキャンしたデータ
× Excel や PDF に入力したデータ

③ クラウドシステムが力を入れる電子年調

国税庁が提供する年調ソフトは無料ということもあり、機能が限られています（控除申告書データの作成のみ）。一方、クラウドシステム会社が提供する年末調整・法定調書システムは勤怠管理・給与計算・社会保険手続・法定調書の電子申告まで対応しているものがあります。

電子帳簿保存法は、「紙をデータにする」ことが目的ではなく、会社全体の効率化を目指すことが本質です。したがって、無料とはいえ業務がぶつ切りになってしまう年調ソフトを使うことは、強くはお勧めできません。システムを導入するときは、一部分を見るのではなく会社全体の効率化という視点で検討することが大切です。

④ freee による年末調整・法定調書提出の具体例

ここでは、freee 人事労務を使った年末調整・法定調書提出等の具体的な流れと、電子帳簿保存法との関係を確認します。

❖クラウド会計による年末調整・法定調書の電子申告

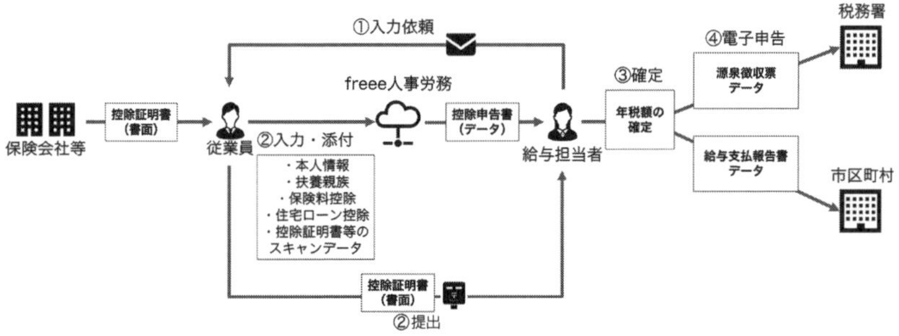

まず、給与担当者は年末調整に必要な基本設定（マイナンバーの設定、還付又は追徴の年月など）をした上で、年末調整の入力依頼をメールで対象者にお知らせします。

年末調整の入力依頼を受け取った従業員は、下記の情報を入力の上、送信します。

- 本人情報
- 配偶者・扶養親族情報
- 保険料の情報
- 住宅ローンの情報
- 1 年分の給料の情報

このとき、従業員は控除証明書等の書類をスキャンして同時にアップロードすることができます。ただし、控除証明書等をデータ化するための要件（マイナポータル等から取得したもの）を満たさないため、控除証明書の書面は別途提出する必要があります。

給与担当者は、各従業員が入力した情報を確認し、修正がある場合には差し戻しを行うことができます。外部の税理士・社労士も招待を受けていれば確認を行うことができます。

年末調整の確定を行うのと同時に、各種申告書も自動的にできあがります。これらの申告書は下記のとおりデータ化の要件を満たすため、そのままデータ保存ができます。

- 勤務先と作成者である従業員のみアクセスが可能な領域（freee 人事労務が動くサーバー上）に年末調整に関する申告書データを保存
- 社内 LAN 等（freee 人事労務）にログインし、メール等（あらかじめ登録しておいたメールアドレス）で送信

年末調整が確定すると源泉徴収票も発行されます。従業員のメールアドレスに源泉徴収票発行のお知らせをし、リンクからそれぞれ確認、場合によってはダウンロードしてもらう流れとなります。

freee 人事労務を利用する場合、年末調整確定後の給与支払報告書・法定調書（源泉徴収票・支払調書）の送信も行うことができます。給与支払報告書の提出先はあらかじめ登録してある住所から自動的に設定されます。源泉徴収票・支払調書の提出対象者も推測する機能があり、効率的に送信を行うことができます。

このように、freee 人事労務を使うことにより日々の給与計算はもちろん、年末調整の手続、給与支払報告書・法定調書の提出までデータにより一気通貫で行うことができます。情報を集約してなんらかの成果物（給与明細、源泉徴収票など）を発行する業務にこそ、関わる人全員にメールアドレス等の ID を付与し、リアルタイムに分散処理ができるクラウドシステムはマッチングします。紙をデジ

タル化するのは一部のメリットに過ぎません。社員全員が関わる給与計算にも、クラウド活用を検討するとよいでしょう。

コラム

クラウド会計で変わる月次決算

中小企業で悩ましいのが、月次決算に時間がかかることではないでしょうか。月末に締めて、数字が固まるのが翌月の半ば以降、もしくはそれ以降になってしまっている会社も多いことでしょう。こういった問題も、クラウド会計を利用することで解決できる可能性があります。

クラウド会計の特徴の１つに「リアルタイム性」があります。会社に関わる取引データを蓄積せず、流れをスムーズにすることで月次決算を早く行うことができるようになります。

例えば、銀行取引については、クラウド会計を利用すればデータが同期されるので、通帳やネットバンクの明細を見ることなく処理がすぐにできます。請求書については、他部署で発行が行われてもその原本を待つことなくクラウド会計上で自動的に仕訳が生成されます。経費精算については、従業員の領収書の原本と経費精算書の提出を待つことなく申請・承認とともに仕訳が自動的に作られます。給与計算については、従業員のタイムカードを待つ、委託先に外注している場合にはデータを待つ、ということなくクラウド上で勤怠を確認し、給与計算を確定し、仕訳を自動で登録することができます。つまり、「待ち時間」が大幅に削減され、うまくいけば月次決算ならぬ日次決算が可能となります。

ここでよくいわれる反対意見が、データを結集してできた数字は正確性に問題がある、というものです。とはいえ、年次決算ならまだしも、月次決算でそこまで数字の正確性は求められるのでしょうか。そもそも月次決算を行う目的は、1円単位で正確な決算書を作成することではなく、経営者が今後の戦略に役立てるための数字の作成にあるはずです。多少の間違いがあっても、スピードを重視した方がよいと考えています。もちろん外部の税理士の定期的なチェックも必要です。月次単位では完璧な試算表を目指さず、多少の間違いは後から修正するという考え方が必要ではないでしょうか。

第６節

電子帳簿保存法と消費税・インボイス

ここまで電子帳簿保存法の要件とその活用を確認してきましたが、同時に考えていかなければいけない論点が、消費税です。電子帳簿保存法のルールと、消費税の仕入税額控除のルールは別ですので、整理することが大切です。また、2023 年 10 月 1 日から始まるインボイス制度と、電子インボイスも電子帳簿保存法と関係があります。

まず、現行の消費税の仕入税額控除の要件を確認し、電子帳簿保存法に対応するための考え方をまとめます。次に、インボイス制度に触れ、電子帳簿保存法と電子インボイスの関係について説明します。

① 消費税の仕入税額控除の要件

消費税の仕入税額控除の適用を受けるためには、法定事項が記載された帳簿と請求書等の保存が要件とされています（消法 30）。

帳簿には、以下の記載事項が必要です。

- 課税仕入れの場合
  - 課税仕入れの相手方の氏名又は名称
  - 課税仕入れを行った年月日
  - 課税仕入れに係る資産又は役務の内容（その課税仕入れが他の者から受けた軽減対象資産の譲渡等に係るものである場合には、資産の内容及び軽減対象資産の譲渡等に係るものである旨）
  - 課税仕入れに係る支払対価の額（消費税額および地方消費税額に相当する額を含む）
- 特定課税仕入れの場合
  - 特定課税仕入れの相手方の氏名又は名称
  - 特定課税仕入れを行った年月日
  - 特定課税仕入れの内容
  - 特定課税仕入れに係る支払対価の額
  - 特定課税仕入れに係るものである旨
- 保税地域からの課税貨物の引取りの場合
  - 課税貨物を保税地域から引き取った年月日（課税貨物につき特例申告書を提出した場合には、保税地域から引き取った年月日及び特例申告書を提出した日又は特例申告に関する決定の通知を受けた日）
  - 課税貨物の内容
  - 課税貨物の引取りに係る消費税額及び地方消費税額（これらの税額に係る附帯税の額に相当する額を除く）又はその合計額

仕入税額控除の要件となる請求書等への記載事項は、次のとおりです。

●　事業者に対し課税資産の譲渡等を行う他の事業者が、当該課税資産の譲渡等につき当該事業者に交付する請求書、納品書その他これらに類する書類（当該課税資産の譲渡等が小売業、飲食店業、タクシー業、駐車場業、その他これらに準ずる事業で不特定多数の者に資産の譲渡等を行うものである場合には、イから二までに掲げる事項が記載されているもの）

イ　書類の作成者の氏名又は名称

ロ　課税資産の譲渡等を行った年月日（課税期間の範囲内で一定の期間内に行った課税資産の譲渡等につきまとめて当該書類を作成する場合には、当該一定の期間）

ハ　課税資産の譲渡等に係る資産又は役務の内容（その課税資産の譲渡等が軽減対象資産の譲渡等である場合には、その資産の内容及び軽減対象資産の譲渡等である旨）

二　税率の異なるごとに区分して合計した課税資産の譲渡等の対価の額（当該課税資産の譲渡等に係る消費税額及び地方消費税額に相当する額がある場合には、当該相当する額を含む）

ホ　書類の交付を受ける当該事業者の氏名又は名称

●　事業者がその行った課税仕入れにつき作成する仕入明細書、仕入計算書その他これらに類する書類（当該書類に記載されている事項につき、当該課税仕入れの相手方の確認を受けたものに限る）

・　書類の作成者の氏名又は名称

・　課税仕入れの相手方の氏名又は名称

・　課税仕入れを行った年月日（課税期間の範囲内で一定の期間内に行った課税仕入れにつきまとめて当該書類を作成する場合には、当該一定の期間）
・　課税仕入れに係る資産又は役務の内容（その課税仕入れが他の者から受けた軽減対象資産の譲渡等に係るものである場合には、資産の内容及び軽減対象資産の譲渡等に係るものである旨）
・　税率の異なるごとに区分して合計した課税仕入れに係る税込対価の額

●　課税貨物を保税地域から引き取る事業者が税関長から交付を受ける当該課税貨物の輸入の許可（関税法67条（輸出又は輸入の許可）に規定する輸入の許可をいう）があったことを証する書類、その他税関長の承認を受けて輸入の許可前に保税地域から課税貨物を引き取った場合における当該承認があったことを証する書類など

・　納税地を所轄する税関長
・　課税貨物を保税地域から引き取ることができることとなった年月日（課税貨物につき特例申告書を提出した場合には、保税地域から引き取ることができることとなった年月日及び特例申告書を提出した日又は特例申告に関する決定の通知を受けた日）
・　課税貨物の内容
・　課税貨物に係る消費税の課税標準である金額並びに引取りに係る消費税額及び地方消費税額（これらの税額に係る附帯税の額に相当する額を除く）
・　書類の交付を受ける事業者の氏名又は名称

② 帳簿と請求書等の記載内容の対応関係

帳簿と請求書等は一対一で対応している必要はなく、仕入控除税額を計算できる程度に、まとめて記載したものでも問題ないとされています。例えば、一定期間（1 週間、1 か月など）の売上をまとめて記載し、詳細は請求書等を見ればわかる状況などです。

③ 仕入税額控除と帳簿代用書類

法人税法で認められている、法定事項が記載されている取引関係書類（帳簿代用書類）は、仕入税額控除の要件とされる帳簿には該当しません。ただし、帳簿に帳簿代用書類を個々に確認することなく仕入控除税額を計算できる程度の記載があれば、「帳簿代用書類＋帳簿」を保存することで仕入税額控除の要件を満たすとされています。例えば、経費精算書を元に、会計ソフトにインプットして帳簿を作成し、仕入控除税額を明らかにして両者を紐づけて保存しておけば、仕入税額控除要件を満たします。

④ 帳簿に記載すべき氏名又は名称

消費税の仕入税額控除を行うにあたっては、課税仕入れの相手方の氏名又は名称を記載することとされています。ただし、正式な氏名又は名称、略称等が記載されている取引先名簿が備え付けられていれば、略称による記載であっても問題ないとされています。

このように、消費税法では正しく消費税計算を行うために消費税の仕入税額控除に必要な帳簿・書類が厳しく設定されています。したがって消費税の課税事業者は、これらの要件をきちんと満たした上で帳簿・書類の作成・保存を行わなければなりません。

⑤ 特例的な取扱い

消費税の仕入税額控除制度には、取引の実態を踏まえ、次の特例的な取扱いがあります（消令 49 ①）。

- 税込の支払額が 3 万円未満の場合には、法定事項が記載された帳簿の保存のみで OK
- 税込の支払額が 3 万円以上であっても請求書等の交付を受けなかったことにつきやむを得ない理由がある場合には、請求書等の保存がなくても OK（ただしこの場合には帳簿にやむを得ない理由及び相手方の住所又は所在地を記載する必要がある）

⑥ 電子帳簿保存法と消費税の仕入税額控除

消費税の仕入税額控除の要件を確認したところで、電子帳簿保存法との関連を確認します。

(1) スキャナ保存と消費税の仕入税額控除

あらためて「スキャナ保存」とは、取引先から受け取った請求書、納品書等の取引関係書類をスマートフォン等で撮影して、データで保存することを認める制度です。この制度は電子帳簿保存法で認められているルールですので、消費税の仕入税額控除の要件は別途考えなければなりません。

まず、領収書等をスキャンしたデータは消費税の仕入税額控除の対象になるのかという点です。この点は、スキャナ保存によって保存されたデータは国税関係書類の保存に代えることができるとされているため（電帳法４③）、消費税の仕入税額控除に必要な請求書等が保存されていることとなり、仕入税額控除の適用を受けることができます。

(2) クラウド会計によるスキャナ保存と仕入税額控除の留意点

スマートフォンなどで撮影されたスキャン文書であっても、消費税の仕入税額控除の要件は変わりません。したがって、書類の作成者の氏名、取引年月日、取引内容、取引金額、軽減税率対象である旨等を確認できるものである必要があります。

とはいえ、クラウド会計の場合、領収書等をスキャンするのは取引を行った本人であることが多いため、必ずしも消費税の仕入税額控除に必要な項目の知識があるとは限りません。そのため、クラウド会計でスキャナ保存を開始する際には事前にどの項目が最低限含まれている必要があるのかなど、基本的なことを従業員に周知する必要があるでしょう。

(3) 電子取引保存と消費税の仕入税額控除

あらためて「電子取引」とは、取引の最初から紙を使わないEDI取引、メールによる請求書データの授受、クラウドを利用した電子取引などです。電子取引を行った場合、紙の請求書が一切発行されないため前述した特例的な取扱い「請求書等の交付を受けなかったことにつきやむを得ない理由がある場合」に該当し、一定の事項が記載された帳簿の保存だけで仕入税額控除が認められます。

ただし、前述したとおり電子帳簿保存法上、電子取引を行った場合にはその取引のデータを保存することが義務です。また、請求書等の交付を受けなかったことにつきやむを得ない理由など一定の事項を帳簿に記載するよりも、元データをとっておいた方が経理処理もスムーズです。いずれにしてもインボイス開始後は、特例的な取扱いは廃止され、一部の取引を除いて領収書等（データ）はすべて保存しなければ仕入税額控除ができないこととなります。したがって、電子取引データは現段階からすべて残しておいた方がよいでしょう。

(4) クラウド会計による電子取引保存と仕入税額控除の留意点

クラウド会計で外部から連携されたデータであれ、EC サイト等からダウンロードした電子請求書であれ、消費税の仕入税額控除の要件は変わりません。取引先の氏名、取引年月日、取引内容、取引金額、軽減税率対象である旨等を確認できるものである必要があります。スキャナ保存と同様、電子取引も取引を行った本人が領収証等のデータをアップロードしますが、必ずしも消費税の仕入税額控除に必要な項目の知識があるとは限りません。そのため、クラウド会計で電子取引保存を開始する際には、事前にどの項目が最低限含まれている必要があるのか等の基本的なことを従業員に周知する必要があるでしょう。

電子取引をクラウド会計で処理する例として、以下が挙げられます。

㋐　メールで受け取った領収書・請求書データ

インターネット上で決済し、メールで受け取った領収書・請求書データは、紙を一切使わない取引ですので、電子取引に該当します。この場合、メールで受け取った領収書・請求書データを各クラウド会計が運営するクラウドストレージにアップロードし、電子取引の要件を満たした上で取引（仕訳）登録をすることができます。なお、これらの電子取引については外部から直接クラウド会計に取り込んだデータではないため、真実性の確保のために「訂正削除の防止に関する事務処理規程」を作成し、運用する必要があるのは、前述したとおりです。

消費税の面においては、メールで受け取った領収書・請求書データに消費税の仕入税額控除に必要な事項が記載されているかの確認も必要です。もし項目が不足しているのであれば、先方にお願いする必要もあるでしょう。

(イ) ECサイトで購入した場合の領収書・請求書データ

ECサイト等で購入した場合、通常はそのサイト上で領収書・請求書データが発行されるため電子取引に該当します。この場合、その発行される領収書・請求書データをダウンロードし、クラウド会計上にアップロードすれば電子取引保存の要件を満たすことになります。この場合も「訂正削除の防止に関する事務処理規程」を作成する必要があります。

消費税の面においては、ECサイト等からダウンロードした領収書・請求書データに消費税の仕入税額控除に必要な事項が含まれているか確認が必要です。

(ウ) 外部サービスと連携した場合

クラウド会計は、銀行口座やクレジットカードなど外部と連携し、データを取得することが可能です。これら外部サービスから取り込んだデータも電子取引に該当します。この場合、電子取引の真実性の確保の要件の１つである「訂正削除システムによるデータ授受・保存」に該当しますので、そのデータがクラウド会計上に残ることで電子取引の保存要件を満たします。したがって、電子帳簿保存法上は、新たに領収書等のデータを保存する必要はありません。

ただし、消費税の仕入税額控除の観点からはデータを同期するだけでは要件を満たしません。クラウド会計と同期して処理する明細について、仕入税額控除に必要な項目が記載された領収書等のデータをアップロードして参照できる状態にしておく対応が必要です。クラウド会計にはPDFなどのデータを仕訳に添付する機能がありますので、これらの機能を使って、取引とデータを照合できるようにしておけば、消費税の仕入税額控除の要件を満たすことができます。

⑦ インボイス制度

(1) インボイス制度とは

インボイス制度とは、事業者が仕入税額控除を行うために、インボイス（適格請求書）が必要となる制度です。2023年10月1日からスタートします。ここではインボイス制度の概要、電子インボイス、電子帳簿保存法との関連性を説明します。

(2) インボイスの記載事項

仕入税額控除の要件として、インボイスには、下記の記載事項が必要とされています。なお、下記の事項の記載があれば、書式や「インボイス」などの書類名称は問われません。

❖記載事項

❶ インボイス発行事業者の氏名又は名称及び登録番号 ❷ 課税資産の譲渡等を行った年月日 ❸ 課税資産の譲渡等に係る資産又は役務の内容（課税資産の譲渡等が軽減税率対象資産の譲渡等である場合には、資産の内容及び軽減対象資産の譲渡等である旨） ❹ 課税資産の譲渡等の税抜価額又は税込価額を税率ごとに区分して合計した金額及び適用税率 ❺ 税率ごとに区分した消費税額等（消費税額及び地方消費税額に相当する金額の合計額） ❻ 書類の交付を受ける事業者の氏名又は名称

これまでと違うのは、❶のインボイス発行事業者の登録番号が必要であること、❹の適用税率、❺の税率ごとに区分した消費税額等が必要となったことです。

上記の項目が記載されていないものはインボイスとして認められず、受け取った側は仕入税額控除ができません。

(3) インボイス発行事業者の登録

インボイス発行事業者は、自動的になれるものではなく、登録を行う必要があります。具体的には、「適格請求書発行事業者の登録申請書」を所轄の税務署へ提出し、承認を受ける必要があります。この申請手続は、2022 年 10 月 1 日から 2023 年 3 月 31 日（やむを得ない理由がある場合には、2023 年 9 月 30 日）までに行わなければなりません。

ここで注意したいのが、インボイス発行事業者は消費税の課税事業者でないと登録できないという点です。したがって、免税事業者はインボイス発行事業者の登録ができません。もしインボイス発行事業者の登録をしたいのであれば、合わせて課税事業者の選択もする必要があります（2023年度（令和5年度）税制改正により、免税事業者に対する負担軽減措置が予定されています。具体的には、インボイス開始後の3年間は課税標準額の2割を消費税額とする簡易的な計算の容認や、課税事業者の届出、簡易課税制度の届出の期限の柔軟な対応などです）。

(4) インボイス発行者側の義務

インボイス発行者には、下記の義務があります。

❖インボイス発行者の義務

❶　インボイスの交付
❷　返還インボイスの交付（一部免除予定）
❸　修正インボイスの交付
❹　❶～❸の控えの保存（データ保存も要件を満たせばOK）

これまでは、返品や値引き、金額の修正があった場合に請求書を再発行しない会社もあったと思われますが、今後は返還インボイス、修正インボイスの交付が必要となります。さらに、インボイスの控えも保存する必要があります。なお、2023年度（令和5年度）税制改正により、売上に係る対価の返還等に係る税込価額が1万円未満である場合には、返還インボイスの交付義務が免除される予定です。

なお、インボイスの交付が困難な取引として、その交付義務が免除されるものもあります。

❖インボイス交付義務が免除されるもの（一部）

- ３万円未満の公共交通料金
- ３万円未満の自動販売機等の料金
- 郵便切手類
- 通常必要と認められる出張旅費、宿泊費、日当、通勤手当

(5) インボイス受取側の義務

インボイスの受取側は、仕入税額控除を受けるために以下の義務があります。

❖インボイスの受取側の義務

- 一定の事項を記載した帳簿の保存（記載事項はインボイス制度施行前と同様）
- インボイス等の保存

保存が必要となるインボイス等には、以下のものがあります。

❖保存が必要となるインボイス等

- インボイス
- 簡易インボイス
- 電子インボイス
- インボイスの記載事項が記載された仕入明細書、仕入計算書その他これらに類する書類(取引先の確認を受けたものに限る)
- 次の取引について、媒介又は取次ぎに係る業務を行う者が作成する一定の書類（データを含む）

・　卸売市場において出荷者から委託を受けて卸売の業務として行われる生鮮食料品等の販売
・　農業協同組合、漁業協同組合又は森林組合等が生産者（組合員等）から委託を受けて行う農林水産物の販売（無条件委託方式かつ共同計算方式によるものに限る）

なお、現行の取引金額が３万円未満の場合と、請求書等の交付を受けなかったことにつきやむを得ない理由がある場合の、帳簿のみの保存で仕入税額控除が認められる特例制度は、インボイスが開始された後は廃止されます。したがって、前述したインボイス交付義務が免除されるもの（３万円未満の公共交通料金など）に該当しない限り、仕入税額控除には原則インボイスが必要です（2023年度（令和５年度）税制改正により、基準期間における課税売上高が１億円以下又は特定期間における課税売上高が5,000万円以下である事業者が行う支払対価１万円未満の課税仕入れについては、一定の事項が記載された帳簿のみの保存で仕入税額控除が認められる経過措置が創設されています）。

(6) 簡易インボイス

簡易インボイスとは、インボイスの記載事項のうち、インボイスの受領者の名称が不要で、税率ごとに区分した消費税額等と適用税率に関していずれか一方の記載で足りるインボイスを指します。

小売業、飲食店業、写真業、旅行業、タクシー業又は駐車場業などのように不特定多数を相手とする事業を行う場合に交付が認められているものです。

(7) 免税事業者への支払の経過措置

免税事業者の事業の継続性を考慮し、インボイス制度が導入される2023年10月1日から2029年9月30日までの6年間にわたり、免税事業者からの仕入れについて段階的に仕入税額控除ができる経過措置が設けられています。2023年10月1日から2026年9月30日までは課税仕入等の税額の80%、2026年10月1日から2029年9月30日までは課税仕入等の税額の50%を仕入税額控除することができます。

(8) 従業員が立て替えた場合のインボイス

従業員が経費を立て替え、その後会社へ請求する場合については、従業員に交付されたインボイスをもって会社が仕入税額控除を行うことはできません。この場合は、従業員から経費精算書等の交付を受けることにより、経費の支払先が会社の課税仕入れであることが明らかにされていれば、インボイスの保存要件を満たし、仕入税額控除を受けられます。

クラウド会計の経費精算機能を利用すれば、経費精算書が自動的にクラウド上で作成されるため、問題はありません。

⑧ 電子インボイス

(1) 電子インボイスとは

電子インボイス（デジタルインボイスとも）とは、インボイスの記載事項を満たしたデータを指します。インボイス制度では、紙のインボイスに代えて電子インボイスのやりとりも認めています。

(2) 電子インボイスの状況

電子インボイスについては、EIPA（E-Invoice Promotion Associationの略。デジタルインボイス推進協議会）が中心となって普及を目指しています。EIPAは、国と民間の事業者で組織された、電子インボイスの標準仕様を普及促進させることを目的とした団体です。民間の事業者では会計ソフト会社が中心となっています。

(3) 電子インボイスの標準仕様Peppol

EIPAが目指す電子インボイスの標準仕様は、Peppol（ペポル。Pan European Public Procurement Onlineの略）というものです。この仕様はベルギーの国際的非営利組織であるOpen Peppolがその管理を行っており、現在欧州各国含め30か国以上で利用が進んでいます。日本もこのようなグローバルな標準仕様を取り入れるべき、という考えです。

Peppolとは、簡単にいうと売り手と買い手が、インボイスの情報が格納されているデータベースからアクセスポイントを通じてデータを送受信する仕組みです。したがって、Peppolに参加するすべてのユーザーの電子インボイスをやりとりすることができることになります。

具体的には、Peppolを通じて請求情報をやりとりすることによって、自動的に会計システムに仕訳に必要な情報（取引先、取引年月日、取引内容、取引金額、消費税額、インボイス登録番号など）が取り込まれるイメージです。

❖電子インボイスの業務フローのイメージ

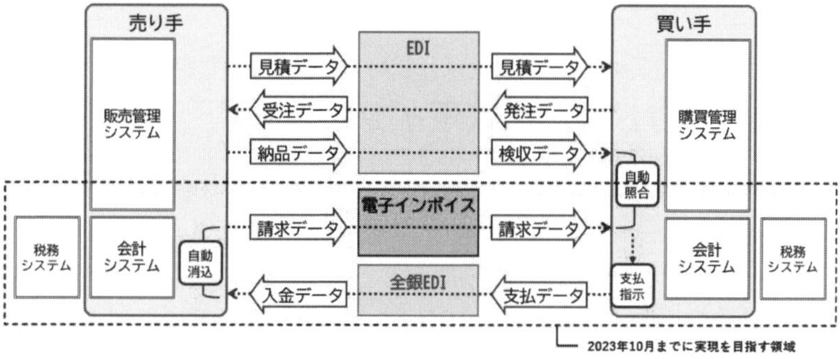

（出典：EIPA デジタルインボイス推進協議会 HP「デジタルインボイスとは」）

既に 2021 年 12 月には「JP PINT」という日本の電子インボイスの標準仕様が Open Peppol のウェブサイトに公開されています。既にこの標準仕様に対応したサービスも出ており、今後も電子インボイスに対応した会計サービスは増えていくでしょう。

❖ Peppol
ネットワークで電子インボイスをやりとりする仕組み

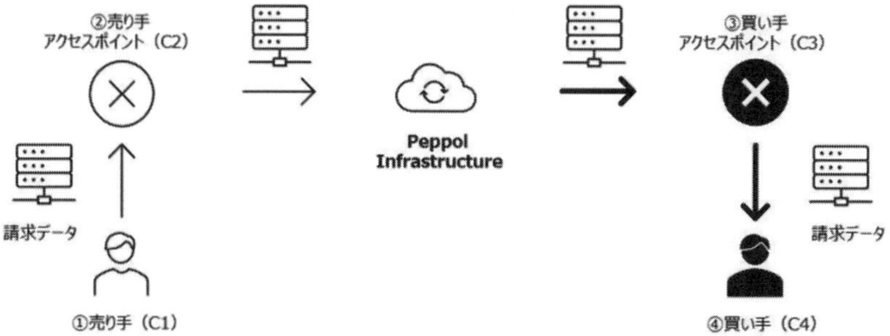

（出典：デジタル庁 HP「よくある質問：Peppol ネットワークでのデジタルインボイスのやり取りについて（概要）」）

EIPA の発起人としてマネーフォワードクラウドを運営するマネーフォワード株式会社も参加しています。クラウド会計も

Peppolを導入する可能性が高く、インボイス移行後の経理負担が減ることが期待されます。

⑨ クラウド会計と電子インボイス

(1) クラウド会計の電子インボイス対応

2022年12月現在では、クラウド会計のfreeeとマネーフォワードクラウドは、標準仕様の電子インボイス対応への方針を明らかにしていません。とはいえ、両者は電子帳簿保存法に対応していることから、電子インボイスにも対応する可能性が高いでしょう。今後は請求書の仕様をインボイス制度に則った形にしていくことが考えられます。

また、上記のPeppolと連携することによってクラウド上で請求書等をやりとりすれば、そのままデータを取り込んで仕訳登録できるような流れもできると予測されます。クラウド会計を今から利用することで、電子帳簿保存法と電子インボイスいずれも対応できると考えられるため、業務効率化が期待できます。

(2) 電子インボイスの発行・保存

前述したとおり、クラウド会計で請求書（電子インボイスの形式を満たしたもの）を発行した場合、書類の電子保存又は電子取引の要件を満たすことになり、控えをデータのまま保存することができます。別途、紙に印刷して保管する必要はありません。

(3) 電子インボイスの受取り・保存

インボイス開始後、クラウド会計で電子インボイスを受け取る場合には、以下の2ケースが考えられます。

㈠ PDFで共有・受け取る場合

現時点でも行われているように、請求書を電子化してPDF等で受け取る（又は共有する）ケースです。この場合には、同じクラウドシステムを使っていればそのまま共有したデータをクラウドストレージに保存することによって、電子取引保存の要件を満たすことができます。

また、メールで受けとった場合もクラウド会計上のストレージにアップロードすることによって電子取引保存の要件を満たすことができます。

さらに、アップロードしたデータがインボイスの要件を満たしていれば、消費税の仕入税額控除も受けることができます。

㈡ Peppolを通じてクラウド会計に取り込む場合

まだ詳細は明らかになってはいませんが、前述した電子インボイスの標準仕様を通じてクラウド会計にデータを取り込む機能が実装される可能性があります。この場合、仕入税額控除に必要な情報（インボイス発行事業者の登録番号や取引年月日、取引金額、消費税額など）を直接クラウド会計に取り込むことができれば、取引先がインボイス発行事業者であるかも自動的に判別されると考えられるため、経理の負担を大幅に減らせる可能性もあります。本来の意味での電子インボイスとは、上記のPDFで受け取る方法ではなく、データで直接取り込む方法です。多くの事業者が標準仕様の電子インボイスを利用することになれば、より利便性は増すでしょう。

コラム

クラウド会計の事業継続性とリスク

本書では、クラウド会計を使った電子帳簿保存法の対応を見てきました。ここで気になるのが、「クラウド会計の運営会社が事業をやめてしまったらどうなるの？」ということです。

特に大きな問題となり得るのが「スキャナ保存」です。本書で紹介したfreeeやマネーフォワードクラウドのスキャナ保存は、各クラウド会計ソフトのクラウドストレージ上に保存することによって、要件を満たす仕様となっています。したがって、クラウド会計の運営会社が事業をやめてしまった場合、そこに保存されているデータはどうなるのか、という問題が生じます。

システム変更を行った場合の取扱いは取扱通達4-40に定められています。システムの変更があった場合、変更前のシステムに保存されているスキャンデータの基となった書面を保存している場合にはスキャナ保存の要件を満たしますが、残っていない場合には変更後のシステムへの移行が必要とされています。

このとき、そもそも「紙を廃棄できる」ことがメリットのスキャナ保存において、紙も保存しておくケースは非常に少ないでしょう。かといって、タイムスタンプや訂正削除機能がついているシステムから新しいシステムへデータをそのまま移行できるのかは、疑問です。最悪の場合、過去にスキャナ保存したデータがサービス停止等が原因で消失してしまい、紙も残っていない、といった状況にもなりかねません。

2022年現時点では、クラウド会計上に保存されたデータの保証について、各社は言及していません。スキャナ保存対象のデータは法人税や所得税だけでなく、消費税の額にも甚大な影響を与えます。今後、いざというときの取扱いについて各クラウド会社がバックアップサービスを提供するなど、対応を明らかにすることを願っています。

なお、電子帳簿書類についてはシステム移行をする際には変更前のシステムから書面で出力して保存することが認められているため、大きな問題にはならないでしょう（取扱通達解説4-39）。

第7節

電子帳簿保存法対応アクションプラン

最後に、電子帳簿保存法対応を行うためのアクションプランを説明します。ぜひ、自社の状況に合わせて検討をしてみてください。

① 自社の帳簿書類を整理する

まず、自社の帳簿書類をすべて洗い出すことが必要です。書類については請求書などの重要書類だけでなく、注文書・見積書など一般書類などもすべて洗い出します。ここで漏れがあると後々デジタル化の弊害になる恐れがあるため、徹底的に行います。

❖帳簿書類の具体例

帳簿／書類	区分	具体例
帳簿	現金	現金出納帳
	普通預金	普通預金出納帳
	当座預金	当座預金出納帳
	手形	受取手形記入記帳、支払手形記入帳
	売掛金	売掛帳
	買掛金	買掛帳
	その他債券債務	貸付金台帳、借入金台帳、未払金台帳
	有価証券	有価証券台帳
	減価償却資産	固定資産台帳
	売上げ	売上帳
	仕入れ	仕入帳
	その他経費	賃金台帳
書類	決算関係書類	棚卸表、貸借対照表、損益計算書
	取引関係書類	注文書、契約書、送り状、領収書、見積書

② 帳簿のデジタル化を検討する

前述したとおり、帳簿のデジタル化は「優良電子帳簿」と「優良電子帳簿以外のその他の電子帳簿」に分けられます。

まず、自社が利用している帳簿が「優良電子帳簿」に該当するかどうかを確認します。優良電子帳簿は過少申告加算税の5%軽減の特典があるため、要件を満たしている場合には新年度からの適用を検討します。優良電子帳簿として届け出るためには、訂正又は削除履歴の確保、相互関連性の確保、検索機能の確保の要件を満たすことが必要です。さらには、自社が作成する国税関係帳簿のうち一部の帳簿を選んでデータ保存することはできず、すべての帳簿で優良電子帳簿としての要件を満たす必要がある点に注意が必要です（2023年度（令和5年度）税制改正大綱において、優良電子帳簿の範囲が仕訳帳、総勘定元帳その他の補助簿に明確化されることが予定されています）。優良電子帳簿の要件を満たしているかどうかは、公益社団法人日本文書情報マネジメント協会（JIIMA）のホームページからも確認できますし、ベンダーに直接確認してもよいでしょう。

優良電子帳簿に該当しなかった場合には、優良電子帳簿以外のその他の電子帳簿に該当するかを検討します。具体的な要件は、正規の簿記の原則に従った記録、関係書類等の備付け、見読可能性の確保で、税務調査時のダウンロードの求めに応じれば検索要件は不要です。市販されているもので、Excel等で自作したソフトでない限り、これらの要件は満たすでしょう。

これらを踏まえると、以下のアクションが考えられます。

❶　帳簿のデジタル化の開始時期を検討する（課税期間の途中からは不可）
❷　優良電子帳簿の要件を満たす場合には、開始したい課税期間の法定申告期限までに税務署へ届出（正式には「国税関係帳簿の電磁的記録等による保存等に係る過少申告加算税の特例の適用を受ける旨の届出」）をする
❸　帳簿データの事務処理手続（入力担当者、訂正又は削除の方法など）を明らかにした書類を作る

特に❸は、税務調査時に電子帳簿保存の社内体制を説明するために必要なものなので、しっかり作っておきましょう。

③ 書類のデジタル化を検討する

自社で発行している書類、受け取っている書類１つひとつのデジタル化を検討していきます。順番としては、「電子取引として保存→電子取引にできない場合にはスキャナ保存」という流れがよいでしょう。

（1）書類を分類する

まずは、自社で発行している書類、取引先から受け取っている書類について、

- データで受け渡しを行っているもの
- 紙で受け渡しを行っているもの

の２つに分類します。

前者は電子取引として保存、後者は電子取引への移行又はスキャ

ナ保存の検討対象となります。

(2) 紙で保存・受け渡しを行っている書類の電子化を検討する

分類した書類のうち、紙で保存・受け渡しを行っているものについては、タイムスタンプ等の要件を満たせばスキャナ保存の対象となります。しかし、スキャナ保存はあくまで紙をデジタル化するだけなので、業務の効率化にはつながりません。効率化を進めるためには、紙の取引をスキャナ保存で対応するのではなく、書類の電子化や電子取引で対応することが早道です。

自社で完結する書類であれば、電子化は進めやすいでしょう。例えば、貸借対照表や損益計算書などの決算関係書類です。仮にこれらを一貫してシステムで作成し、印刷して紙で保存していた場合を考えます。電子書類の保存は関係書類の備付け、見読可能性の確保、税務調査時のダウンロードの求めに応じることによって要件を満たすことができるため、すぐに電子化をすることができます。

次に、取引先が関係する書類の電子化を検討します。例えば、紙の請求書を受け取っている場合を考えます。これを電子請求書（PDF ファイルなど）に変えられないか、もしくはクラウドを通じて共有できないかなどの打診をすることが大切です。取引先によっては打診がためらわれるケースもあるでしょうが、電子帳簿保存法はすべての会社に関係することですから、先方も電子取引に切り替えたいという場合も少なくありません。まずは少しずつ伝えてみる、というところからスタートしてみましょう。

(3) 電子取引の要件を検討する

電子取引をデータのまま保存するための要件を満たすことができるか、検討します。

電子取引は、以下のいずれかの真実性の確保の措置が必要です。

❶　タイムスタンプが付された後のデータの受取り。
❷　データの受取り後、一定の期間内にタイムスタンプの付与。
❸　訂正削除システムでのデータの授受・保存。
❹　訂正削除の防止に関する事務処理規程の備付け、運用。

これにプラスして、必要書類の備付け、見読可能性、検索機能も必要です。

本書で紹介したとおり、上記❷又は❸の要件と検索機能はクラウド会計を利用することによって満たすことができます。クラウド会計を利用しない場合には、別の方法で電子取引の保存要件を満たすことが必要です。例えば、電子取引の保存要件を満たすクラウドストレージサービスを会計システムとは別に利用する方法や、「ファイル名又は索引簿」で対応（60頁参照）する方法です。

❹の事務処理規程は、電子取引を行うすべての会社が作成する必要があります。

(4) スキャナ保存を検討する

電子取引に移行できなかったものについては、スキャナ保存を検討します。スキャナ保存には重要書類と一般書類の要件が異なりますが、いずれも重要書類の要件で統一した方がわかりやすいでしょう。解像度やカラー画像の読み取り等の要件は、最新のスマートフォンやスキャナを利用することによって満たすことができますので、残りの以下の要件を満たすことを検討します。

❶　タイムスタンプの付与（訂正削除システムに保存する場合には不要）
❷　スキャン文書と帳簿の相互関連性の保持
❸　検索機能の確保

前述したとおり、クラウド会計を利用することによってこれら3要件を満たすことが可能です。❶のタイムスタンプ付与において業務サイクル期間（最長2か月＋7営業日）内に期限を定めるためには事務処理規程が必要です。スキャナ保存の手順や見読性の確保、電子化に利用するデバイスなども合わせて盛り込んでおいた方がよいでしょう。❷のスキャン文書と帳簿の相互関連性については、クラウド会計の場合には仕訳帳への領収書添付機能を利用すれば問題ないでしょう。❸の検索機能は、freee、マネーフォワードクラウドいずれもストレージにアップロードすれば、自動的に満たすことができます。

クラウド会計を利用しない場合には、タイムスタンプ機能（又は訂正削除システムとしての機能）と検索機能のあるストレージサービスを利用する方法が考えられます。その場合には、スキャン文書と帳簿の相互関連性については共通の番号を付すなどして対応する方法が考えられます。

④ 社内規程を準備する

デジタル化する帳簿書類が決定したら、必要な下記の書類、規程を作成します（フォーマットは69頁以下参照）。

- 国税関係帳簿書類に係る電子計算機処理に関する事務処理手続を明らかにした書類
- スキャナ保存による電子化保存規程
- 訂正削除の防止に関する事務処理規程

⑤ 運用する・見直す

電子帳簿保存法の体制が整ったら、実際に運用して改善した方がよい部分は改善していきます。運用前には気づかなかったボトルネックが見つかるかもしれません。

例えば、社内規程が社員に浸透しておらず、運用体制が守られない場合です。この場合領収書を受け取ってもすぐにスキャンせず長期間保有してしまって月次決算の妨げになるなど、弊害が生じるでしょう。特にクラウド会計を使った電子帳簿保存法対応は、経理だけでは実現できず、取引に関わるすべての従業員の意識を変えることが必要です。そのため、なにかボトルネックが見つかった際には従業員に周知する、社内規程を見直す、などの軌道修正が必要となってきます。電子帳簿保存法に適切に対応し、会社全体の効率化を進めるためには、クラウド会計のような便利なシステムを導入することも大事ですが、導入後の運用と、必要に応じた軌道修正がより重要です。ルールが形骸化しないよう、日々運用を見直していきましょう。

コラム

ガジェット投資もDX

ここ数年、DX（Digital transformation）という言葉が、行政でも使われるようになりました。電子帳簿保存法への対応も、DXの一環として捉えられることも多いです。

DXの話題になると業務改善やシステム導入といった話が出てくるものですが、意外と見過ごされがちなのが、従業員が常日頃から使用するPC、スマートフォン、タブレット等の「ガジェット」です。

本書で解説しているDXや電子帳簿保存法と相性の良いクラウド会計は、インターネットに接続していることが前提です。ですので、古いPCやルーターを使っている場合は動作が重くなり、普段の業務が非効率になる可能性があります。

スキャナ保存・電子取引保存を導入したところで、使っているスマートフォンが旧型であれば、うまくレシート類を撮影できず、データのアップロードにも時間がかかるなど、かえって非効率になる可能性があります。

いくら優れたシステムを導入しても、普段使っている道具の性能が劣っている限り、効率アップは見込めません。DX・電子帳簿保存法対応をうまく進めていくためには、従業員が業務で使用するガジェットにも投資していくことを意識しましょう。

第3章

相談事例

第1節

全　般

① 電子帳簿保存法対応は何から始めればよいか

Q

電子帳簿保存法対応が必要なことはわかっていますが、法律が難解でどこから着手してよいかわかりません。まず何をするべきでしょうか？

A

自社の電子取引を整理し、電子取引保存対応から始めるとよいでしょう。

電子帳簿保存法は注目度が高いものの、法律が難解で、どこから着手してよいのかわからない会社も多いと思われます。

まずすべての会社がするべきことは、電子取引の保存です。原則、電子取引はデータのまま保存することが義務とされているためです。これに対応するためには、自社が扱っている電子取引を整理し、電子取引保存する要件を満たすことが必要です。

電子取引保存の主な要件は、真実性の確保と検索要件の確保です。このうち、真実性の確保は、システム導入が必要ない「訂正削除の防止に関する事務処理規程」による対応を検討してよいでしょう。国税庁がHPで公表しているテンプレートをアレンジするのが簡便です。

電子取引保存の最大のネックは、検索要件の確保です。システムを使うのが一番早いですが、コストをかけずに行いたいのであれば、ファイル名に検索項目を含めるか、Excelの索引簿を準備する方法のいずれかでよいでしょう。

帳簿書類の電子保存、スキャナ保存は任意ですので、電子取引に対応した後に検討すれば大丈夫です。

② 申告書の電子保存

Q 弊社は税理士に頼んで法人税の申告を行っています。電子申告後、税理士から申告書を紙に印刷したものが送られてきますが、申告書そのものを電子保存することは可能なのでしょうか？　可能な場合、何年間の保存が必要でしょうか？

A 申告書の電子保存、保存期間については税法上定めがありません。電子申告したデータを会社が存続する限り永久に保存することをおすすめします。

法人税申告書については、電子保存についての定めはありません。紙・電子いずれも可と考えてよいでしょう。電子申告を行っているのであれば、そもそも印刷は不要ですので、今後はデータのまま送ってもらい、社内のサーバーかクラウドストレージに整理して保存すればよいでしょう。その際、電子申告した証拠となる「受信通知（メール詳細）」のデータを合わせて保存しておくことが大切です。融資や給付金の申請で必要となります。

　また、保存期間についても申告書については定めはありません。申告書は会社にとって重要なデータであり、会社が存続する限り保存した方がよいでしょう。

③ 電子インボイスの保存ルール

Q 電子インボイスのタイムスタンプなどのルール（要件）は、電子帳簿保存法に則ったルールになりますか？それとも電子インボイス独自（EIPA）のルールとなりますか？

A 電子インボイスの保存要件は、電子帳簿保存法に則ったルールとなります。

　電子インボイスの保存要件は、電子帳簿保存法に定める電子取引の保存要件に準じたものとなっています。

　EIPA（電子インボイス推進協議会）は電子インボイスの標準仕様の推進をしている団体であり、電子インボイスの保存要件を定めているわけではありません。

④ クレジットカードの明細は領収書代わりになるか

Q クラウド会計にクレジットカード明細を同期させています。この場合、クレジットカード利用分の領収書を保存する必要はなく、取り込んだ明細さえ保存しておけばそれが領収書代わりになりますか？　当社は消費税の課税事業者です。

A 消費税の仕入税額控除の観点から、明細だけでなく領収書（データ）の保存が必要となります。

クラウド会計にクレジットカードを同期させて取り込んだ明細のデータは、「電子取引」に該当し、お使いのクラウド会計が「訂正削除システムによるデータの授受・保存」の要件を満たしていれば電子取引の保存要件を満たします。

ただし、消費税の仕入税額控除の観点からは、明細のみの保存では不十分です。相手先の名称や内容など、仕入税額控除に必要な項目が記載された領収書等が必要となります。

執筆時点では、税込の支払額が３万円未満の場合と、税込の支払額が３万円以上であっても請求書等の交付を受けなかったことにつきやむを得ない理由がある場合（紙の領収書が発行されない電子取引を含みます）には、領収書の保存は必要ありません。

しかし、2023年10月のインボイス開始後からは上記の特例がいずれも廃止され、原則として適格請求書《インボイス》（データ）の保存が必要となります。したがって、インボイス制度に今から備えるためにも、３万円基準や特例にとらわれず、領収書（データ）はすべて保存しておくことをおすすめします。

⑤ 取引金額が定まっていない契約書や見積書等の検索要件

Q

単価のみを設定している場合など、取引金額が決められていない契約書や見積書等の検索要件は、どのように設定するべきでしょうか？

A

取引金額を空欄、又は０円とすることで問題ありません。

契約書や見積書については、単価などの条件のみ記載されているものもあります。そのような場合には、検索項目の１つである取引金額がないため、空欄又は０円とします。

ただし、空欄又は０円にしたとしても、空欄又は０円で検索できることが前提です。

⑥ なるべくコストをかけずに電子帳簿保存法に対応するには

Q

家族で経営している零細企業です。2024 年 1 月より、すべての会社が強制的に電子対応する必要があると聞きました。なるべくコストをかけずに電子帳簿保存法に対応したいと思っていますが、まず何をするべきでしょうか？

A

2024 年 1 月からすべての会社に強制されるのは、電子取引のデータ保存です。帳簿書類の電子保存、スキャナ保存は任意です。電子取引のデータ保存を行うには、ファイル名に必要事項を含めるか、Excel 索引簿による対応がコストをかけない方法として挙げられます。

電子帳簿保存法は、帳簿書類の電子保存、スキャナ保存、そして電子取引の保存に分けられます。このうち、「義務」は電子取引の保存で、2024 年 1 月から完全に強制されます（2023 年度（令和 5 年度）税制改正では、2024 年 1 月 1 日以降も猶予が認められる予定ですが、電子保存ができなかった相当の理由がある事業者に限られます）。したがって、電子取引保存に対応することが直近にやるべきことです。

電子取引保存をなるべくコストをかけずに行うには、電子取引のファイル名に検索項目を含める方法か、Excel で作った索引簿で対応する方法が挙げられます。その他、電子取引の保存要件を満たしたサブスクリプション型の外部のクラウドストレージサービスを利用するのも、コストを抑える 1 つの手段でしょう。

⑦ 交通系電子マネー、QR コードを利用した場合のデータ保存

Q 交通系電子マネーや PayPay などの QR コードで決済した場合の、データ保存方法を教えてください。

A 店舗から受け取るレシートのスキャンデータ、Web から出力できる明細や、画面ショットを保存する方法が考えられます。

その取引が、紙のレシートが発行されるものであれば、スキャナ保存の対象となりますので、スキャナ保存の要件を満たした上で、レシートのスキャンデータを保存します。なお、スキャナ保存は任意なので、紙での保存も可能です。

その取引が、紙のレシートが発行されないものであれば、電子取引となります。タイムスタンプを付与するか、クラウド会計など訂正削除システムで取り込んだ場合には、電子取引データの真実性の確保の要件を満たします。そのようなシステムを利用していない場合には、「訂正削除の防止に関する事務処理の規程」等を作って対応します。その上で、電子取引データ（Web から発行される利用明細や、画面ショットなど）を保存する必要があります。保存する際には検索要件を満たさなければなりません。

なお 2023 年 10 月からはインボイス制度が始まるため、消費税の仕入税額控除を受けるためには、インボイスの要件を満たした電子取引データを保存する必要があります。具体的な対応については、今後システム会社から発表されるアナウンスを注視していきましょ

う。

⑧ 紙とデータ、どちらも送られてくる場合

Q

弊社の取引先は、先にメールで請求書のPDFを送ってきた後に、原本である紙の請求書を送ります。PDFと紙の内容は同じです。この場合、データ・紙いずれも保存が必要でしょうか？

A

PDFと紙の内容が同じであれば、原本である紙の請求書の保存だけで大丈夫です。

請求書PDFと紙の請求書の内容が同一であり、あらかじめ取引先との間で紙の請求書が原本であるという取り決めがあれば、その紙の請求書を保管（又はスキャナ保存）すれば問題ありません。

なお、メール本文に内容の一部が記載され、原本に補完する取引情報が含まれている場合は、そのメール内容の保存も必要となります。

第2節

帳簿書類

① 複数のソフトを使っている場合の優良電子帳簿の要件

Q

弊社では、固定資産台帳は会計ソフトとは別のソフトで作っています。メインの会計ソフトは優良電子帳簿としての要件を満たしていますが、固定資産管理ソフトは満たしていません。この場合、固定資産台帳を除いた帳簿について、優良電子帳簿の届出をして、過少申告加算税の軽減措置の適用を受けることはできますか？

A

過少申告加算税の軽減措置の適用を受けることはできません。

総勘定元帳や仕訳帳以外に作成する帳簿は、業種や規模によって各社異なります。過少申告加算税の軽減措置を受けるためには、会社が作成しているすべての帳簿（青色申告法人が保存しなければならない帳簿）について、優良電子帳簿の要件を満たす必要があります（帳簿書類一問一答問 39）。したがって、どれか 1 つでも作成している帳簿が要件を満たさない場合には、過少申告加算税の軽減措置の適用を受けることができません（2023 年度（令和 5 年度）

税制改正大綱では、優良電子帳簿の範囲が明確化されたため、その明確化された帳簿が優良電子帳簿の要件を満たせば良いことになる予定です）。

② クラウドサービスの利用、サーバーを海外に置くということ

Q　クラウド会計を利用していますが、帳簿書類の保存場所は海外のサーバーと考えられます。このような場合でも、帳簿書類の電子保存の要件を満たしますか？

A　クラウドサービスを利用する場合、海外にサーバーが置かれている場合であっても電子保存の要件を満たします。

納税地にあるPCのディスプレイで整然とした形で速やかに出力ができれば、紙ベースの帳簿書類が納税地に保存されている状態と同様であるため、納税地に帳簿書類の電子保存がされているものとして取り扱われます。

なお、クラウドサービスについてはサーバーダウン、サービスの停止などのリスクがあるため、バックアップを定期的にとっておくことが望ましいでしょう。

第3節 スキャナ保存

① ひとり会社でスキャナ保存は可能か

Q わたしは、自分ひとりの会社を経営しています。したがって複数人でチェック体制を作ることが難しいのですが、スキャナ保存は可能でしょうか？

A 社長ひとりの会社でも、スキャナ保存は可能です。

2021年12月までは、スキャナ保存については相互牽制、定期的な検査及び再発防止の規程を定めるなど、複数人でのチェック体制を設けることが必要でした（適正事務処理要件）。社長ひとりの会社の場合、外部の税理士等に依頼する場合を除き、実質的にスキャナ保存ができませんでした。

2022年1月1日以降は適正事務処理要件が廃止されましたので、社長ひとりの会社でもスキャナ保存が可能です。なお、スキャナ保存を行うためにはタイムスタンプの付与、検索機能の確保などの要件を満たす必要があります。

② 電子取引とまとめて管理することは可能か

Q スキャナ保存を、電子取引とまとめてシステムや索引簿で管理することは可能でしょうか？

A 可能です。

コストや管理面の観点から、スキャナ保存と電子取引をまとめてシステムや索引簿で管理したい会社も多いでしょう。この場合、両者の区別を明瞭な状態で確認でき、速やかに出力できれば同じシステム・索引簿で管理しても問題ありません。

ただし、電子取引とスキャナ保存の保存要件は異なりますので、その点にはご注意ください。

クラウド会計のfreee、マネーフォワードクラウドを利用すれば、両者を明確に区別し、要件を満たした上で保存することができます。

③ スキャンデータの保存期間

Q

スキャンしたデータの保存期間は紙の場合と同じでしょうか？　また、保存期間を過ぎた後は、消去しても大丈夫でしょうか？

A

スキャンデータの保存期間は、紙の場合と同様です（法人の場合には、その事業年度の確定申告書の提出期限の翌日から７年間）。保存期間を過ぎた後は消去が可能です。

紙をスキャンしたデータについても、紙と同様７年間の保存が必要と定められていますので、保存期間後は消去が可能です。

とはいえ、紙と違ってデータは場所をとらないため７年を意識せず、永久に保存することも検討に値します。特にスキャンデータの場合には、原本を廃棄することが前提なので、データの消去には慎重になった方がよいと考えます。

④ 領収書をスキャンする際の注意点

Q

領収書をスキャナ保存して原本を廃棄する際に、「これをやったらダメ」ということはありますか？　出力の向きや、一度に読み取る領収書の数など、解像度やカラーの要件以外に注意するべき点があれば教えてください。

A

最低限の同等確認を行えば、紙を廃棄して問題ありません。

スキャナ保存においては、書類をスキャナで読み取り、最低限の同等確認（文字が鮮明である、折れ曲がりがない等）ができれば、紙を即時に廃棄しても問題ないとされています。

出力の向きについては特に指定されていません。一度に読み取る領収書についても指定はなく、意味として関連づけられたもの又は物理的に関連づけられたものであれば、まとめてスキャンしても問題ありません。例えば、１つの台紙に小さなレシートを複数枚貼付してスキャンした場合には、その台紙が１つの入力単位と認められます。

第4節

電子取引

① インターネットバンキングの振込

Q

インターネットバンキングで行う振込は電子取引に該当しますか？　もし該当する場合には、どのようなデータを保存するべきでしょうか？

A

別途紙の請求書等が郵送されるということがなければ、電子取引に該当します。その電子取引の取引情報（取引年月日、取引先、取引金額等）がわかるデータを保存します。

インターネットバンキングで行う振込で、かつ紙の請求書等が発行されない取引は、電子取引に該当します。この場合、メールで通知された内容や、EC サイトの画面ショットなど、取引情報がわかるデータを、検索要件を満たした上で保存することが必要です。「訂正削除の防止に関する事務処理規程」の備付けも必要です。

② 支払通知書をメールで受け取った場合

Q

当社は支払通知書をメールで受け取り、売上を計上しています。この場合、受け取った支払通知書は電子取引に該当しますか？　もし該当する場合、どのように保存すればよいでしょうか？　支払通知書にはタイムスタンプが付与されていません。

A

メールで受け取った支払通知書は電子取引に該当します。真実性の確保をした上で、検索要件を満たしてデータのまま保存する必要があります。

メールでの請求書等のやりとりは電子取引に該当しますので、データのまま保存する必要があります。支払通知書に先方のタイムスタンプ付与がされていない場合には、真実性の確保のために下記のうちのいずれかの措置が必要となります。

- 支払通知書データにタイムスタンプを付与
- 訂正削除の防止に関する事務処理規程の備付け

また、支払通知書データは、検索要件を満たした上で保存する必要があります。

③ メール内に取引情報が含まれている場合

Q 弊社は、メール本文に注文内容を含めて発注業務をしています。この場合、メールソフト内でこの発注内容を検索できるようにしておけばよいでしょうか？

A メールソフト内で検索できるようにしておくだけでは、電子取引保存の要件を満たしません。

メールで発注業務を行うことは、電子取引に該当します。したがって、下記のいずれかの方法で真実性の確保の要件を満たすことが必要となります。

- タイムスタンプ付与
- 訂正削除の防止に関する事務処理規程の備付け

メールソフトには通常タイムスタンプ付与の機能がありませんので、「訂正削除の防止に関する事務処理規程」の備付けを行い、検索要件を満たした上でメール内容を PDF 等にして保存する必要があります。

④ 事務処理規程の必要性

Q

電子取引のデータ保存に対応するには、事務処理規程は必須でしょうか？　社内の取決めやルールなどで代用できますか？

A

事務処理規程が必須です。

電子取引においては、真実性の確保の要件の選択肢の１つに「訂正削除の防止に関する事務処理規程の備付け」と明記されています。

これは、他の要件であるタイムスタンプや、訂正削除の記録が残るシステムの代替手段として認められているものです。したがって、ルールを明確に定めた規程でしっかり社内で運用していくことを求めるものと考えられます。具体的には、システムで対応できない電子取引（メールで受け取った請求書など）について改ざんを防いで適切に保存するための事務処理手続等を記載したものとなります。

一般的なフォーマットは第１章（68頁以下）で解説しましたが、各社の事業規模やワークフローによってその内容は異なります。

⑤ 電子インボイスの保存ルール

Q

電子インボイスを開始するにあたり、システムを導入しようと考えています。最低限必要と思われる機能はなんでしょうか？

A

電子インボイスの発行側・受取側としてそれぞれ必要な機能があります。電子取引の保存要件を満たせば、電子インボイスの保存要件も満たします。

まずは、発行側としては以下の機能が必要となります。

- 電子インボイス（簡易返還・修正を含む）の発行・送付
- 電子インボイス控えの保存

まずは、自社が発行する請求書の様式に対応可能で、なおかつインボイスの記載事項の要件を満たすものを選ぶことが大切です。また、取引先への送付機能（メール添付、クラウド共有など）も確認が必要です。電子インボイスの発行・送付は電子取引となるため、要件を満たした上でシステム内で保存ができるかもポイントです。

次に、受取側として以下の機能が必要となります。

- 電子インボイス（簡易返還・修正を含む）の受領（アップロード）・保存
- その他電子インボイスの要件を満たす仕入明細書、仕入計算書等のデータの受領（アップロード）・保存

受取側としては、電子インボイスのデータを自動的に取り込むこ

とができるのか（クラウド会計の同期のような機能があるのか）、もしくは受領した電子インボイスをアップロードできる機能があるかがポイントです。また、アップロードしたデータを、検索要件を満たした上でシステム上で保存ができるかどうかも、判断基準となります。

このように、電子インボイスの保存要件は、電子取引の保存要件と同じで、以下のとおりです。

❶　検索要件の確保
❷　真実性の確保（以下のいずれか）
　ⓐ　タイムスタンプが付与された後のデータ授受
　ⓑ　受け取ったデータへのタイムスタンプ付与
　ⓒ　訂正削除システムによる授受・保存
　ⓓ　訂正削除の防止に関する事務処理規程の備付け

❷の真実性の確保については、ⓒ訂正削除システムによる授受・保存の機能がついているかが、システムを選ぶ判断基準となるでしょう。この機能がついていれば、タイムスタンプが不要となり、処理が簡略化されます。電子取引に対応しているシステムを選べば、電子インボイスにも基本的に対応できると考えてよいでしょう。

付け加えるならば、電子インボイスのシステムを選ぶ際には上記に加えて、EIPA（電子インボイス推進協議会）が推奨する日本の電子インボイスの標準仕様である「JP PINT」に対応しているかも重要です。2022 年 12 月時点では、標準仕様がどのようにシステムに実装されるのかは未定ですが、標準仕様に対応したシステムであれば、取引先と共通の仕様によるインボイスをやりとりできるため、経理の手間が削減される可能性があります。

コラム

DX の本来の意味と電子帳簿保存法

DX（Digital Transformation）について、経済産業省は下記のとおり定義しています（出典：経済産業省「デジタルガバナンス・コード」）。

> 企業がビジネス環境の激しい変化に対応し、データとデジタル技術を活用して、顧客や社会のニーズを基に、製品やサービス、ビジネスモデルを変革するとともに、業務そのものや、組織、プロセス、企業文化・風土を変革し、競争上の優位性を確立すること。

ここでキーワードとなるのが「変革」です。DX とは、ビジネスモデルや、組織・人そのものの変革であり、単なるデジタル化ではないということがポイントです。

したがって、従来のやり方を根本的に変えず、単にアナログからデジタルへ移行しただけでは DX とはいえない点に注意しなければなりません。電子帳簿保存法のルールに則ることだけを考えていても、DX を達成できない可能性があります。

例えば、「アナログからデジタルへ」だけをみて、全体のワークフローの効率化が進まないケースです。

経費精算で考えてみます。経費精算のワークフローは、従業員の申請・上長の承認・経理の仕訳登録など多くのステップがあります。これらのワークフローは一部だけ切り離すことなく、すべてデータで流し半自動化しないと、目指すべき効率化を果たせません。

ここで、業務の変化を嫌がる一部の人に妥協して、「領収書はスキャンするが、申請だけはやり慣れている紙の精算書で行う」といった対応をするとどうなるでしょうか。スキャナ保存はできますが、かえって経理の負担が増えます。申請された経費を集計し、会計ソフトに取り込む、という無駄な作業が生じてしまうのです。

どこかに「例外」を作ってしまうと、全体的な効率化が進みません。

あらためてDXは、「変革」がキーワードです。仕事のやり方を抜本的に変えることなく達成することはできません。ですので、「これまでのように、紙をもらったらどうするか」から始まるのではなく、「最初から最後までデータで行うにはどうしたらよいか」を考えるべきでしょう。

電子帳簿保存法は法律であり、当然に遵守するべきものではありますが、本来の立法趣旨・目的の1つには事業者の負担の軽減があったはずです。DXを進めるため、法律を「戦略的に活用する」というスタンスが望ましいと筆者は考えます。

著者略歴

戸村　涼子

税理士。戸村涼子税理士事務所代表。フリービズコンサルティング合同会社代表社員。
生まれは東京・四ツ谷。大学卒業後、外資系企業、上場企業、税理士法人を経て 2016 年 4 月に横浜で独立開業を果たす。主に中小企業社長、フリーランス向けにクラウド会計ソフト導入・運用支援、税務サポートを行っている。得意分野は、ネットビジネス、暗号資産、非居住者の税務。その他、RPA（Robotic Process Automation）、ペーパーレスなどの経理業務効率化に力を入れている。HP・ブログ・メルマガ・YouTube にて積極的な発信を行っている。雑誌寄稿も多数。
著書に、『十人十色の「ひとり税理士」という生き方』（大蔵財務協会、2018、共著）、『会計と決算書がパズルを解くようにわかる本』（日本実業出版社、2018）、『ネットビジネスの仕組みと税務』（第一法規、2019）、『所得税申告に係る資料の収集と分析』（税務経理協会、2020）、『デジタル資産と電子取引の税務』（日本法令、2021）、『速解！ 年末調整電子化ガイド』（日本法令、2022）などがある。

事務所 HP
https://tomurazeirishi.com/

個人ブログ
https://rtomura-taxacc.com/

クラウド会計を活用した
電子帳簿保存法対応の実務

令和５年１月30日　初版発行
令和６年１月１日　初版３刷

日本法令®

〒101-0032
東京都千代田区岩本町１丁目２番19号
https://www.horei.co.jp/

検印省略

著　者　戸　村　涼　子
発行者　青　木　鉱　太
編集者　岩　倉　春　光
印刷所　日本ハイコム
製本所　国　宝　社

（営　業）	TEL　03－6858－6967	Eメール	syuppan@horei.co.jp
（通　販）	TEL　03－6858－6966	Eメール	book.order@horei.co.jp
（編　集）	FAX　03－6858－6957	Eメール	tankoubon@horei.co.jp

（オンラインショップ）　https://www.horei.co.jp/iec/
（お詫びと訂正）　https://www.horei.co.jp/book/owabi.shtml
（書籍の追加情報）　https://www.horei.co.jp/book/osirasebook.shtml

※万一、本書の内容に誤記等が判明した場合には、上記「お詫びと訂正」に最新情報を掲載しております。ホームページに掲載されていない内容につきましては、FAXまたはEメールで編集までお問合せください。

ISBN 978-4-539-72925-0

https://www.horei.co.jp/zjs/

お役立ちコンテンツ

5 税理士向け動画セミナー

無料会員向けの「セレクト動画」、有料会員向けの「プレミア動画」で、著名な税理士、弁護士、学者やその道のプロが、タイムリーなテーマを深く掘り下げてレクチャーします。いつでも時間が空いた時に視聴可能です。

6 税制改正情報ナビ

毎年度の税制改正に関する情報を整理し、詳しく解説します。税制改正に関する日々のニュース記事の配信と、日本法令刊『よくわかる税制改正と実務の徹底対策』WEB版、さらにはその著者による詳細な解説動画で、いち早く今年度改正の要点を押さえましょう！

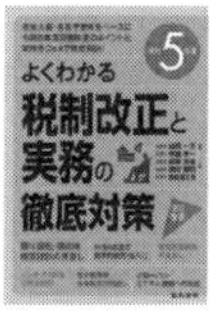

7 税務判決・裁決例アーカイブ

税理士業務遂行上、さまざまな税務判断の場面で役立てたいのが過去の税務判決・裁決例。ただ、どの事例がどこにあるのか、探すのはなかなか一苦労だし、イチから読むのは時間がかかる…。そこで、このアーカイブでは「キーワード検索」と「サマリー」を駆使することで、参照したい判決・裁決例をピンポイントで探し出し、スピーディーに理解することが可能となります。

8 モデルフォーム集

税理士業務におけるチェック漏れによるミスを未然に防ぐため、さまざまな税務のチェック表、確認表、チェックリストほか、日常業務で活用できるオリジナルのモデルフォーマットを提示します。

9 弊社商品の割引販売

日本法令が制作・販売する書籍、雑誌、セミナー、DVD商品、様式などのすべての商品・サービスをZJS会員特別価格〈2割引き〉で購入できます。高額な商品ほど割引額が高く、お得です！